FONDAMENTAUX DU DROIT CONGOLAIS DE LA CONCURRENCE (RDC)

Logiques Juridiques

Fondée par Gérard Marcou

Dirigée par Jean-Claude Némery et Thomas Perroud

Le droit n'est pas seulement un savoir, il est d'abord un ensemble de rapports et pratiques que l'on rencontre dans presque toutes les formes de sociétés. C'est pourquoi il a toujours donné lieu à la fois à une littérature de juristes professionnels, produisant le savoir juridique, et à une littérature sur le droit, produite par des philosophes, des sociologues ou des économistes notamment.

Parce que le domaine du droit s'étend sans cesse et rend de plus en plus souvent nécessaire le recours au savoir juridique spécialisé, même dans des matières où il n'avait jadis qu'une importance secondaire, les ouvrages juridiques à caractère professionnel ou pédagogique dominent l'édition, et ils tendent à réduire la recherche en droit à sa seule dimension positive. À l'inverse de cette tendance, la collection « Logiques juridiques » des éditions L'Harmattan est ouverte à toutes les approches du droit. Tout en publiant aussi des ouvrages à vocation professionnelle ou pédagogique, elle se fixe avant tout pour but de contribuer à la publication et à la diffusion des recherches en droit, ainsi qu'au dialogue scientifique sur le droit. Comme son nom l'indique, elle se veut plurielle.

Dernières parutions

Meïssa Tend Madior FALL, *L'efficience des sûretés en droit de l'OHADA,* 2021.

Evan LAGUNE, *Le concept de service public maison. Étude sur la transformation de l'État*, 2021.

Victor AUDUBERT, *Plurinationalité et vivre bien en Bolivie. Le droit au temps d'Evo Morales*, 2021.

Abobaker BENYAHMED, *La protection de la partie faible dans les relations contractuelles, comparaison entre le droit français et les droits des pays du Maghreb*, 2021.

Daniel BORRILLO et Thomas PERROUD (dir.), *Penser la GPA,* 2021.

Daniel BORRILLO, *Droit d'asile et homosexualité. Comment prouver l'intime ?,* 2021.

Thérèse DE VILLETTE, *La justice réparatrice. Une justice nouvelle enracinée dans la tradition africaine*, 2021.

Romain FEYDEL, *Le refinancement d'entreprises en difficulté, L'optimisation juridique du concept de capital-retournement*, 2021

Nicolas DEMONTROND, *Le préfet stratège. La déconcentration en Basse-Normandie de 1981 à 2017*, 2021.

Jean MASIALA MUANDA VI Y.

FONDAMENTAUX DU DROIT CONGOLAIS DE LA CONCURRENCE (RDC)

L'Harmattan

Du même auteur

- *Justice et Ordre Public. Droits et devoirs des gouvernants et des gouvernés*, Kinshasa, IFEP, 1999, 169p. (codir.) ;
- *Droit pénal des affaires, Tome 1. Théorie générale,* Editions universitaires Européennes, 2019, 213p.

5-7, rue de l'École-Polytechnique ; 75005 Paris

http://www.librairieharmattan.com

ISBN : 978-2-343-22770-2
EAN : 9782343227702

Aux Mas-Children :

Jordan Masiala Muanda, Giovanni Masiala Taty et Jaimyah Masiala Mbonzi

Sommaire

Avant-propos

La concurrence n'est pas un vice. Bien au contraire, elle est une manière de rendre créatrice la volonté de puissance, au lieu de chercher vainement à l'éliminer. C'est, en un sens, la forme que prend toute vertu, et un élément indispensable de croissance spirituelle et naturelle. Il est peu probable que les individus puissent découvrir leur propre potentiel sans la bénédiction de bons amis et de rivaux dont les exploits leur apprennent à exiger d'eux-mêmes plus qu'ils ne l'ont encore fait. Vivre parmi des rivaux brillants, vifs, entreprenants est une chance unique pour notre propre développement[1]. L'âme de l'esprit du progrès se situe donc dans le désir de faire toujours mieux. Et là où il y a concurrence, on tend toujours vers le meilleur.

Cette vérité, valable pour la vie sociale et les individus, l'est aussi pour la vie économique et pour les opérateurs économiques, personnes physiques ou morales. Les affaires ne sauraient bien prospérer que dans un contexte de concurrence ; et là où elle est bien pratiquée, la concurrence permet d'améliorer le sort des consommateurs. Et si on en croit Adam Smith, soutenu par Michael Novak, la concurrence conduit au souverain bien collectif par le jeu de la main invisible du marché qui conduit chacun, en poursuivant son intérêt égoïste, à atteindre l'intérêt général[2]. C'est ainsi que la plupart des Etats s'emploient à préserver absolument la liberté de la concurrence, ferment du progrès, du bien-être général et de l'innovation.

Mais pour qu'elle soit bénéfique, cette concurrence doit nécessairement être encadrée par un faisceau de normes en vue d'éviter qu'elle ne se transforme en une véritable guerre économique entre entreprises, conduisant à leur extermination réciproque. Damien Lorcy partage cet avis, lorsqu'il déclare que la concurrence est inhérente à l'activité économique dont elle est un moteur, mais elle doit être régulée afin de prévenir les dérives qui reviendraient à la faire disparaître. Or, le droit congolais est resté pendant longtemps

---

[1] NOVAK, Michael, *Une éthique économique. Les valeurs de l'économie de marché.* Traduit de l'américain par Bernard Dick avec la collaboration de Marcelline Brun, Paris, Institut La Boétie - Cerf, 1987, p. 418.

[2] SMITH, Adam, *Enquête sur la nature et les causes de la richesse des nations*, Paris, PUF, 1998 ; NOVAK Michael, op. cit.

lacunaire et porteur de règles obsolètes, inadaptées au contexte actuel et à l'évolution dans le domaine de la concurrence. En effet, hormis l'arrêté départemental du 15 juin 1987 portant création et fonctionnement de la Commission de la concurrence, il ne se résumait qu'à l'ordonnance-loi n° 41-63 du 24 février 1950 portant sur la concurrence déloyale, vieille disposition datant de l'époque coloniale et qui ne comportait que cinq articles à caractère strictement répressif. Il était muet en ce qui concerne la plupart des aspects fondamentaux du droit de la concurrence.

Cette situation n'a pas échappé au législateur qui indique que « les dispositions de l'ordonnance sus-évoquée n'abordent nullement les pratiques anticoncurrentielles, les pratiques restrictives de la liberté des prix et de la concurrence. Et pourtant, la liberté des prix reste la forme principale de la concurrence. Le prix reste aussi l'instrument par lequel certains intervenants restreignent la concurrence sur le marché. Le marché doit être protégé sans nuire à l'émergence des grands groupes industriels et commerciaux. Les questions touchant aux concentrations économiques ainsi que les pratiques anticoncurrentielles ne peuvent demeurer non régies par la loi. Elles doivent de ce point de vue, faire l'objet des règles et des procédures légales précises »[3].

C'est à la suite de ce constat qu'a été élaborée et adoptée la Loi organique n° 18-020 du 9 juillet 2018 relative à la liberté des prix et à la concurrence, dans le but de « faire émerger un marché économique moderne dans lequel la liberté des prix et la concurrence sont de mise, tout en assurant la protection de l'intérêt général »[4]. Ce nouveau dispositif dote ainsi le droit congolais d'un cadre juridique adapté et clair, couvrant l'ensemble des aspects de la concurrence[5], en ce

---

[3]Exposé des motifs de la Loi organique n° 18-020 du 9 juillet 2018 relative à la liberté des prix et à la concurrence.

[4] Exposé des motifs de la Loi organique n° 18-020 du 9 juillet 2018 relative à la liberté des prix et à la concurrence.

[5] L'article 1er de la Loi organique n° 18-020 du 9 juillet 2018 relative à la liberté des prix et à la concurrence dispose : « La présente loi a pour objet de fixer les règles applicables à la liberté des prix et d'organiser la libre concurrence. Elle définit les dispositions de protection de la concurrence afin de stimuler l'efficience des relations commerciales. Elle vise à assurer la transparence, la régularité et la loyauté des prix ainsi que la lutte contre les pratiques restrictives et la hausse illicite des prix. Elle a également pour objet le contrôle de la concentration économique ».

compris les règles visant à préciser les procédures en la matière et à gérer le contentieux. Il institue, par ailleurs, une Commission de la concurrence comme organe de régulation. Il reste à espérer que cet instrument essentiel soit rapidement suivi des mesures d'application pour certains détails devant en permettre une bonne mise en œuvre.

En outre, on constate, depuis 2008 avec les lois en rapport avec la transformation des entreprises publiques[6] et les différentes réformes qui s'en sont suivies dans le but de moderniser et de libéraliser certaines activités des secteurs économique et financier du pays, l'engagement du processus d'ouverture à la concurrence de certains marchés anciennement monopolistiques. Tel est le cas de la Loi n° 15/005 du 17 mars 2015 portant code des assurances qui libéralise le marché des assurances et met fin au monopole accordé dans ce secteur, depuis 1967, à la Société Nationale d'Assurances[7]. Ainsi, les opérations des assurances relèvent désormais du secteur concurrentiel de l'économie.

Le présent manuel a pour ambition de donner aux lecteurs intéressés des clefs de compréhension des rouages du droit de la concurrence, cette discipline « qui fait vraisemblablement le noyau dur du droit économique »[8]. Il met en évidence les avancées engrangées par le droit congolais de la concurrence sous l'empire de la Loi organique n° 18-020 du 9 juillet 2018 relative à la liberté des prix et à la concurrence et des évolutions charriées par le processus, susévoqué, d'ouverture à la concurrence. L'étude des règles de concurrence y procède d'une approche globale qui permet de cerner les différentes dimensions du droit de la concurrence, en s'intéressant aussi bien au « petit droit de la concurrence », visant à rétablir l'égalité des

---

[6] Principalement la Loi n° 08/007 du 07 juillet 2008 portant dispositions générales relatives à la transformation des entreprises publiques, et la Loi n° 08/008 du 07 juillet 2008 portant dispositions générales relatives au désengagement de l'Etat des entreprises du portefeuille.

[7] En effet, l'ordonnance-loi n°67/240 du 02 juin 1967 octroyant le monopole des assurances à la Société Nationale des Assurances, en sigle SONAS, a été abrogée par l'article 511-6 de la Loi n° 15/005 du 17 mars 2015 portant code des assurances. Ce qui induit l'ouverture du marché des assurances à la concurrence.

[8] BOY, Laurence, « A.-L. SIBONY, *Le juge et le raisonnement économique en droit de la concurrence,* Avant-propos B. VESTERDORF, Préface G. CANIVET, Paris, LGDJ, Coll. Droit & Économie, 2008, 883 pages », in *Revue internationale de droit économique*, 2008/3 t. XXII, 3, p. 395.

concurrents faussée par la concurrence déloyale et les pratiques restrictives de concurrence, qu'au « grand droit de la concurrence », ayant pour but de protéger le libre jeu de la concurrence sur le marché par la prohibition des pratiques anticoncurrentielles et le contrôle des concentrations économiques.

Conçu, en premier lieu, à l'intention des étudiants de licence en droit, principalement ceux de l'option droit économique et social, ce manuel peut aussi intéresser les praticiens du droit, les juristes d'entreprise et toute personne désireuse de se plonger dans les méandres du droit de la concurrence pour une rapide appréhension de ce domaine. L'objectif poursuivi est l'examen du fondement et des principales règles régissant la liberté du commerce et de l'industrie, la liberté de la concurrence, la prohibition des pratiques restrictives et des pratiques déloyales de la concurrence, la protection des consommateurs.

Nous ne pouvons clore cet avant-propos sans remercier, du fond du cœur, le Professeur Jean-Michel Kumbu ki Ngimbi qui s'est donné la peine de lire et d'apporter des corrections à notre manuscrit.

Kinshasa, le 23 janvier 2021
Jean Masiala Muanda Vi Y.

Introduction

1. Notions de concurrence et de droit de la concurrence

Notons de prime abord que le législateur congolais se contente de réglementer le fonctionnement de la concurrence sans donner une définition claire et le contenu véritable du terme « concurrence ». Il nous faut, dès lors, nous tourner du côté de la doctrine où il nous est donné de constater que les acceptions de ce terme sont multiples et varient selon les auteurs qui traitent de la question. Mais malgré sa ductilité et la multiplicité de ses définitions, il existe, dans le contenu de ce mot, un certain nombre de caractères communs fondamentaux qu'ordonne son intention fondamentale. C'est ainsi que la concurrence peut être présentée, de façon compendieuse, comme une situation de rivalité ou de compétition entre plusieurs entreprises qui offrent un même bien ou un même service sur le marché et visant à attirer une même clientèle. Ainsi comprise, la concurrence peut être parfaite ou imparfaite.

La concurrence pure et parfaite qui est l'expression idéale d'un marché concurrentiel, constitue en réalité une hypothèse rarement satisfaite tant les conditions de sa réalisation sont difficiles à réunir. Il faut, en effet :

- une homogénéité des biens ou des services offerts sur le marché. Dans les faits, il est rare que des entreprises concurrentes offrent des biens ou des services parfaitement identiques. Des différences apparaissent toujours soit en raison des caractéristiques propres aux biens et services offerts, soit en raison de la localisation des entreprises sur le marché.

- une libre entrée des entreprises concurrentes sur le marché. Cette liberté n'est pas garantie à cause de l'existence de divers types de barrières en termes notamment de maîtrise de compétences technologiques avancées ou de coûts qu'impliquent l'installation d'une entreprise sur le marché et sa sortie de celui-ci.

- la transparence du marché ou l'obligation de délivrer une information claire et sincère aux vendeurs et aux acheteurs, de sorte qu'ils soient tous parfaitement informés des conditions du marché.

Cette condition est aussi rarement satisfaite car, dans la réalité, certains vendeurs et acheteurs sont mieux informés que d'autres.

- un marché atomistique sur lequel les entreprises en concurrence ne disposent pas d'un réel pouvoir de marché et n'ont que des poids relatifs semblables, ce qui fait qu'aucune d'entre elles ne peut, à elle seule, influencer le prix du marché ou être capable de fixer ses prix[9]. Les concurrents ont des armes égales parce qu'ils ont tous pratiquement la même taille, la même force, les mêmes moyens, bref la même puissance économique, de sorte qu'aucun ne peut écraser les autres.

La concurrence imparfaite, qui constitue véritablement le référentiel de l'économie industrielle et que l'on rencontre donc effectivement sur le marché, se réalise dans des conditions telles que les entreprises concurrentes, qui ne disposent pas de la même puissance économique, ont un réel pouvoir de marché qui les rend capables de fixer leurs prix. Elle conduit souvent à des situations d'oligopoles ou de monopoles. Si l'oligopole traduit un système de concurrence où le marché est entre les mains d'un nombre restreint de producteurs ou de vendeurs, le monopole correspond à une situation de non concurrence qui voit l'offre de biens ou de services détenue par une seule entreprise.

Quant au droit de la concurrence, il peut être défini comme l'ensemble des règles qui ont pour objet d'assurer, sur le marché auquel elles s'appliquent, l'existence, la liberté et la loyauté de la concurrence dans l'intérêt du marché et des acteurs économiques. « On admet généralement que ces règles définissent un régime de police du marché »[10].

La liberté de la concurrence s'analyse en termes de liberté de créer et d'exploiter une entreprise, d'une part, et de liberté d'innover induisant

---

[9] Lire à ce sujet PENARD Thierry, *Concurrence et économie industrielle*, Rennes 1, CREM, pp. 2-3 ; VILLION, Jérôme, *La concentration industrielle est-elle un obstacle à la concurrence ?* (ESCP – EAP) , 2006, 16 août 2006 ; Lire également COULIBALY Abou Saïb, *Le droit de la concurrence de l'Union Economique et Monétaire Ouest-africaine*, Ohadata D-05-27, p. 2.

[10] ZEVOUNOU, Lionel, *Les usages de la notion de la concurrence en droit*, Paris, LGDJ, 2012, p. 3.

le progrès technique, d'autre part[11]. Laurence Boy a trouvé une bonne formule pour traduire cette double signification en affirmant que « le droit de la concurrence est une contrainte nécessaire à l'exercice de la concurrence, sans pour autant devoir être un frein à l'innovation »[12]. L'objectif des règles visant le maintien de la liberté de la concurrence et de celles destinées à garantir l'existence de cette concurrence, est de protéger le marché et d'en assurer un fonctionnement régulier conformément aux principes de l'économie capitaliste. Le marché doit rester ouvert et accessible à tous les acteurs économiques. Ce qui explique la nécessité de faire obstacle aux ententes, pratiques concertées, excès ou abus de puissance économique, concentrations qui tendent à la suppression ou à la restriction de la concurrence entre les entreprises venant en compétition sur le marché. Il ne s'agit pas, à proprement parler, de protéger une entreprise contre un concurrent, mais de lutter contre les limitations de concurrence et de protéger les conditions de la concurrence afin de garantir le bon fonctionnement du marché. Certains parlent, pour désigner cette tendance, de « relations collectives de concurrence »[13].

Les règles garantissant la loyauté de la concurrence sont plutôt destinées à protéger l'entreprise contre les actes malhonnêtes de ses concurrents tendant à porter atteinte à son crédit, à lui ravir sa clientèle ou à nuire à sa capacité de concurrence. C'est cette partie du droit de la concurrence que l'on qualifie de droit de la concurrence déloyale. Le souci ici est, non pas de s'attaquer aux limitations de concurrence, mais de condamner les excès de la concurrence en sanctionnant l'utilisation de moyens contraires à une certaine éthique commerciale dans les rapports concurrentiels entre deux entreprises prises isolément. On peut alors parler de « relation individuelle de concurrence » [14].

---

[11] Les partisans de la politique de concurrence soutiennent, en effet, que « la compétition entre les entreprises pour s'attirer le plus grand nombre de clients entraîne un certain dynamisme et la recherche de l'innovation technique et de la nouveauté afin d'offrir aux consommateurs des produits compétitifs, c'est-à-dire des produits de qualité et à moindre coût » (COULIBALY Abou Saïb, *op. cit.*, p. 2).

[12] BOY, Laurence, *Le droit de la concurrence : régulation et/ou contrôle des restrictions à la concurrence*, EUI Working Paper LAW n° 2004/9, Badia Fiesolana, San Domenico (FI), 2004, p. 13.

[13] BLAISE, Jean-Bernard et DESGORCES, Richard, *Droit des affaires. Commerçants, concurrence, distribution*, 8ème édition, LGDJ Lextenso éditions, p. 229.

[14] *Ibidem*, p. 228.

Comme on le voit, ces deux catégories de règles répondent à des préoccupations différentes, à savoir la protection du marché pour la première catégorie et celle de l'entreprise prise individuellement pour la deuxième catégorie[15], préoccupations distinctes « tant par les faits qui les inspirent que par le fondement, le caractère et les effets juridiques des règles qui les traduisent ». Mais malgré leurs différences, elles revêtent une même résonnance tant leur but commun est de réglementer la concurrence et d'imposer le respect d'un certain équilibre entre les concurrents. C'est de cette manière que seront garanties, d'une part, la protection du marché et, d'autre part, la protection des concurrents. Il faut même aller plus loin et constater qu'en protégeant le marché et les concurrents, le droit de la concurrence protège, par le fait même, les consommateurs. En effet, en assainissant l'activité économique, le droit de la concurrence se révèlera nécessairement bénéfique à l'économie et aux acteurs économiques bien sûr, mais aussi aux consommateurs, utilisateurs finaux des biens et services offerts sur le marché concurrentiel. C'est qu'avec une application correcte de ce droit, le sort des consommateurs se trouvera amélioré grâce à la sauvegarde de leur sécurité physique et de leur sécurité économique qui en découlera. Nicolas Dorandeu le présente d'une belle manière en affirmant que « les deux corps de règles doivent se coordonner et se conforter au service d'un objectif commun et unique de protection d'un processus concurrentiel censé être conforme à l'intérêt ultime des consommateurs et de la société en général »[16]. Du reste, le droit de la concurrence et le droit de la consommation se rejoignent dans leur visée commune de limiter les abus des entreprises dans le cadre de leurs activités économiques.

---

[15] Abondant dans le même sens, G. Clamour distingue dans le droit de la concurrence une dimension objective et une dimension subjective. La première a pour finalité de protéger le marché, tandis que la seconde protège les droits des concurrents (CLAMOUR, G., *Intérêt général et concurrence : essai sur la pérennité du droit public en économie de marché*, Paris, Dalloz, 2006).

[16] DORANDEU, Nicolas, *Le dommage concurrentiel,* Presses universitaires de Perpignan, 2000, pp. 7-8.

2. Fondement du droit de la concurrence

Le terme fondement s'emploie ici au sens des justifications qui président à l'établissement des règles devant régir la concurrence. Dans ce sens, nous pouvons soutenir que le fondement de l'intervention du législateur en matière de concurrence réside essentiellement dans le principe de la liberté du commerce et de l'industrie ou la liberté d'entreprendre, dont découle la liberté de la concurrence qui postule la contrainte ou, à tout le moins, une certaine régulation externe au milieu concurrentiel[17]. L'intérêt supérieur de la concurrence impose donc des restrictions à la liberté de la concurrence, car sans ces restrictions et un minimum de contrôle et de régulation, la concurrence tuerait la concurrence et la liberté de la concurrence se dévorerait elle-même. Et, comme le souligne B. Clément, « c'est à l'État qu'il appartient de définir la place de l'économie de marché et par conséquent de veiller à ce qu'elle joue correctement son rôle [...] »[18]. On peut donc soutenir, avec Lionel Zevounou, que c'est « de l'imperfection du marché que se justifie l'élaboration de règles en matière de concurrence »[19].

Dans la relation individuelle de concurrence, la liberté ne saurait justifier le recours, par un acteur économique, à des pratiques contraires aux usages honnêtes pour nuire aux intérêts de ses concurrents et gagner, à leur détriment, des parts de marché. Les restrictions à la liberté ont pour finalité dans ce cas de protéger l'entreprise comme nous l'avons déjà vu.

En revanche, dans les relations collectives de concurrence, une liberté absolue conduirait à la disparition de la concurrence et la désorganisation du marché. En autorisant, par exemple, des comportements d'entente entre entreprises ou la constitution de situations de monopole, la concurrence tuerait la concurrence. C'est dans ce sens qu'il est permis d'affirmer que « l'interdiction des restrictions de concurrence est indispensable à la préservation de la liberté d'entreprendre et il en découle de façon logique »[20].

---

[17] BOY, Laurence, op. cit., p. 12.
[18] CLÉMENT, B., *La libre concurrence*, Paris, coll. « Que sais-je ? », 1977, p. 4.
[19] ZEVOUNOU, Lionel, *op. cit.*, p. 6.
[20] BLAISE, Jean-Bernard et DESGORCES, Richard, *op. cit.*, p. 229.

Par ailleurs, deux notions sont fondamentales dans le cadre du droit de la concurrence : le marché et l'entreprise. Les deux constituent le champ d'application (territorial et matériel) du droit de la concurrence.

Le marché, champ d'application territorial du droit de la concurrence, est le lieu où se rencontrent l'offre et la demande de produits ou services substituables émanant des acteurs économiques. Il s'analyse comme « le territoire sur lequel les conditions objectives de concurrence relatives au produit ou service en cause sont, sinon similaires, du moins suffisamment homogènes pour tous les opérateurs économiques »[21].

L'entreprise constitue le champ d'application matériel et, donc, le destinataire des règles de concurrence. Dans le contexte du droit de la concurrence, l'entreprise s'entend de « toute entité, quelle que soit sa nature, caractérisée par l'exercice d'une activité économique, disposant d'une autonomie de comportement sur le marché et agissant librement, en pleine connaissance de cause »[22]. Sa nature juridique importe peu, et ses activités peuvent être de production, de distribution ou de services. C'est ainsi que peuvent être considérés comme entreprises, non seulement les entreprises commerciales, mais aussi les sociétés civiles, les syndicats, les artisans, les groupements de personnes exerçant une activité économique, les membres de professions libérales, les entreprises publiques exerçant une activité économique détachable de leurs prérogatives de puissance publique[23], etc. C'est en cela que le droit de la concurrence se distingue du droit commercial qui ne s'applique essentiellement qu'aux commerçants[24].

---

[21] GRYNFOGEL, Catherine et MARTHAN, Jérémie, *L'essentiel du Droit de la concurrence*, Montchrestien, LGDJ, Gualino éditeur, Lextenso éditions, 2010, pp. 26-27.

[22] *Ibidem*, p. 19.

[23] Selon l'article 26 de la Loi organique n° 18-020 du 9 juillet 2018 relative à la liberté des prix et à la concurrence, les personnes publiques peuvent intervenir dans le domaine économique en vue de concurrencer l'initiative privée dans les cas ci-après : insuffisance de l'initiative privée ; rattachement de l'objet du service à l'exercice d'une attribution légale de la personne publique ; satisfaction de leurs propres besoins de fonctionnement de service ; amélioration des prestations de service dans l'intérêt de la population. L'article 5-11 de la même loi définit entend par personnes publiques, le pouvoir central, les provinces et les entités territoriales décentralisées ainsi que les organismes créés par ces personnes aux fins d'intervention en matière économique.

[24] BLAISE, Jean-Bernard et DESGORCES, Richard, *op. cit.*, p. 229.

3. Sources du droit de la concurrence

Nous ne nous intéressons ici qu'aux sources formelles, à l'exclusion de tous les autres types de sources du droit. Les sources formelles sont des procédés ou des techniques d'élaboration des normes juridiques. Elles sont dites formelles parce qu'on envisage le droit qui se réalise dans des formes consacrant sa force obligatoire.

Parmi les sources du droit de la concurrence, il faut citer en tout premier lieu, et ce conformément à la hiérarchie des sources, la Constitution. En effet, la Constitution de la République Démocratique du Congo telle que modifiée par la Loi n° 11/002 du 20 janvier 2011 portant révision de certains articles de la Constitution de la République Démocratique du Congo du 18 février 2006, comporte quelques dispositions qui posent des principes ayant un rapport avec la concurrence. Il s'agit particulièrement des articles 34, 35 et 46.

Mais la principale source actuelle du droit de la concurrence est la Loi organique n° 18-020 du 9 juillet 2018 relative à la liberté des prix et à la concurrence, à laquelle viendra s'ajouter le décret portant statut, organisation et fonctionnement de la Commission de la concurrence prévue à l'article 59 de cette Loi organique.

Il faut cependant reconnaître que, bien qu'autonome, le droit de la concurrence ne peut prévoir toutes les règles destinées à gouverner les rapports concurrentiels. Le recours à d'autres sources s'impose soit pour certains rapports juridiques liés à la concurrence soit pour combler les lacunes des sources spécifiques au droit de la concurrence. On pourrait ainsi citer le décret du 1er avril 1959 portant sur la sauvegarde du pouvoir d'achat des consommateurs, l'Arrêté départemental 04/DIP/004/90 du 21 avril 1990 portant dispositions réglementaires générales en matière de publicité au Zaïre, l'Ordonnance-loi n° 86-033 du 5 avril 1986 portant protection des droits d'auteurs et des droits voisins, la Loi n° 82/001 du 7 janvier 1982 régissant la propriété industrielle. Certaines dispositions applicables en matière de concurrence sont contenues dans les lois pénales, notamment le Décret du 30 janvier 1940 portant code pénal, et les lois civiles, en particulier le Décret du 30 juillet 1888 Des contrats ou des obligations conventionnelles.

La jurisprudence compte aussi parmi les sources du droit de la concurrence. Il s'agit, en l'occurrence, de la jurisprudence des juridictions civiles et commerciales.

Enfin, la doctrine doit également être retenue comme source, bien que secondaire, du droit de la concurrence. En République Démocratique du Congo, hormis les notes de cours mises à la disposition des étudiants, la littérature juridique portant sur cette discipline n'est pas encore abondante. Néanmoins, quelques doctrinaires y ont déjà consacré une attention particulière et produit des réflexions plutôt riches.

4. Articulations du manuel

Le plan adopté prend en compte les deux préoccupations majeures du droit de la concurrence telles que dégagées ci-dessus. Il comprend donc aussi bien l'analyse des règles destinées à assurer la protection des acteurs économiques contre les agissements fautifs de leurs concurrents dans le cadre de la relation individuelle de concurrence (Chapitre 2), que l'examen des normes protectrices du marché et du libre jeu de la concurrence dans le cadre des relations collectives de concurrence (chapitre 3). Mais avant d'analyser ces deux séries de règles, et compte tenu du fait que les règles qui constituent le droit de la concurrence tant sous l'angle du droit de la protection de l'entreprise que sous celui de la protection du marché, trouvent leur fondement dans la liberté du commerce et de l'industrie, il importe de jeter d'abord un regard sur ce principe dont résulte celui de la liberté de la concurrence, essentielle en économie de marché (chapitre 1). Enfin, nous terminerons par la mise en œuvre des règles de concurrence (chapitre 4).

Chapitre 1. Liberté du commerce et de l'industrie

Le principe de la liberté du commerce et de l'industrie, nous l'avons vu, est très important pour comprendre l'intervention du législateur en matière de concurrence. Le fondement du droit de la concurrence réside dans ce principe dont il sied d'analyser la consécration (section 1), l'étendue (section 2) et le contenu (section 3).

Section 1. Consécration du principe de la liberté du commerce et de l'industrie

Pour bien comprendre la liberté de la concurrence, il faut remonter au libéralisme, doctrine qui revêt à la fois une dimension politique et une dimension économique.

En tant que doctrine politique, le libéralisme traduit le combat pour la liberté individuelle et l'égalité de tous les êtres humains, comme droits naturels, qui a été mené dans différents pays, notamment en France où il a conduit à la Révolution française de 1789 et à l'adoption de la Déclaration des droits de l'homme et du citoyen du 26 août 1789. Cette quête de liberté et d'égalité, soutenue par les idées développées durant le Siècle des Lumières (John Locke, Baruch Spinoza, Charles de Montesquieu, Pierre Bayle, Jean-Jacques Rousseau …) et reprises par les penseurs libéraux du 18ème et du 19ème siècles (David Hume, Adam Smith, David Ricardo, Richard Cobden, John Stuart Mill ou encore William Gladstone), est à situer dans le cadre du rejet de l'Etat absolu du 17ème siècle, en l'occurrence le régime despotique symbolisé par l'Empire de Napoléon 1er en France, pour l'instauration d'un régime politique respectueux de la liberté individuelle et de tous les autres droits naturels et imprescriptibles de l'homme.
Sur le plan économique, la période qui a précédé la Révolution française était caractérisée par diverses contraintes (monopoles, interdictions, privilèges …) et par les corporations qui étaient toutes incompatibles avec la liberté d'entreprendre et la liberté de la concurrence. Les libertés économiques étaient inexistantes, et l'intervention de l'Etat était omniprésente tant dans la règlementation des activités économiques que dans les structures chargées de la mise

en œuvre de cette règlementation. L'une des préoccupations des Révolutionnaires et de maints économistes libéraux était la remise en cause de ce système et de l'intervention de l'Etat en matière économique. Ils prônaient en lieu et place, la liberté individuelle sur le marché et la nécessité de libérer le marché de toutes les contraintes qui empêchent son bon fonctionnement. Adam Smith, par exemple, soutiendra qu'il existe, sur le marché, une main invisible qui coordonne les passions individuelles et les intérêts individuels pour les guider vers le bien commun et l'intérêt général, sans que l'on n'ait recours à une quelconque intervention extérieure, même pas celle de l'Etat, confiné dans son rôle d'Etat gendarme. En clair, ces idées font l'apologie de la liberté économique fondée sur l'initiative individuelle et la propriété privée.

Le principe d'une telle liberté sera posé dans le Décret d'Allarde des 2 et 17 mars 1791 qui abolit les corporations et dispose, en son article 7 : « À compter du 1er avril prochain, il sera libre à toute personne de faire tel négoce ou d'exercer telle profession, art ou métier qu'elle trouvera bon ; mais elle sera tenue de se pourvoir auparavant d'une patente, d'en acquitter le prix, et de se conformer aux règlements de police qui sont ou pourront être faits ». De cette disposition, la jurisprudence administrative a tiré le principe de la liberté du commerce et de l'industrie qui va innerver toute la vie économique et que l'on préfère désigner aujourd'hui sous l'appellation de liberté d'entreprendre. Ce principe sera renforcé par la Loi Le Chapelier des 14 et 17 juin 1791, abrogée en 1884, qui instaure le délit de coalition afin d'éviter le retour de corporations[25], l'article 544 du code civil

---

[25] Cette Loi dispose, entre autres : « L'anéantissement de toutes espèces de corporations du même état et profession étant l'une des bases de la Constitution française, il est interdit de les rétablir sous quelque prétexte et quelque forme que ce soit… » ; « Tous attroupements composés d'artisans, ouvriers, compagnons, journaliers ou excités par eux contre le libre exercice de l'industrie et du travail, appartenant à toutes sortes de personnes et sous toute espèce de conditions convenues de gré à gré, ou contre l'action de la police, et l'exécution des jugements rendus en cette matière, ainsi que contre les enchères et adjudications publiques de diverses entreprises, seront tenus pour attroupements séditieux et comme tels ils seront dispersés par les dépositaires de la force publique, sur les injonctions légales qui leur seront faites. Seront punis selon toute la rigueur des lois, les auteurs, instigateurs et chefs des dits attroupements et tous ceux qui seront convaincus de voies de fait et d'actes de violence

relatif au caractère absolu du droit de propriété, et les articles 1108 et 1134 du code civil, qui consacrent la liberté contractuelle[26].

En République Démocratique du Congo, le libéralisme économique avait déjà été l'option levée par les créateurs de ce pays sous la forme de l'Etat Indépendant du Congo, dont la gestion avait été confiée à Léopold II. Au cours de la Conférence de Berlin, dont l'objet était de régler dans une bonne entente mutuelle les litiges relatifs aux conquêtes coloniales en Afrique, l'Allemagne qui ne s'était pas engagée dans la politique de colonisation et qui faisait la médiation entre les puissances colonisatrices, avait par la même occasion plaidé pour que soient assurés à tous les peuples les avantages de la liberté du commerce et de la navigation dans les bassins des deux principaux fleuves africains qui se déversent dans l'océan Atlantique, à savoir le fleuve Congo et le fleuve Niger. Après discussions, les plénipotentiaires nommés pour prendre part à ces assises adoptèrent un certain nombre de documents coordonnés par la suite en un instrument unique dénommé Acte général de Berlin, adopté le 26 février 1885. Parmi les documents adoptés figuraient :

- une déclaration relative à la liberté du commerce dans le bassin du Congo, ses embouchures et pays circonvoisins, avec certaines dispositions connexes ;

- une déclaration relative à la neutralité des territoires compris dans le bassin conventionnel du Congo ;

- un acte de navigation du Congo, qui, en tenant compte des circonstances locales, étend à ce fleuve, à ses affluents et aux eaux qui leur sont assimilées, les principes généraux énoncés dans les articles 108 à 116 de l'acte final du Congrès de Vienne et destinés à régler, entre les puissances signataires de cet acte, la libre navigation des cours d'eau navigables qui séparent ou traversent plusieurs États.

Il résulte de l'article 1er de l'Acte général de Berlin que le commerce de toutes les puissances représentées à la Conférence jouira d'une complète liberté dans tous les territoires constituant le bassin du Congo et de ses affluents. Ainsi est posé le principe de la liberté du

[26] LEHUEDE, Pascal, *Droit de la concurrence*, Bréal, Lexifac Droit, 2012, p. 16.

commerce dans le bassin conventionnel du Congo en général, et dans l'Etat Indépendant du Congo en particulier. Cette liberté est renforcée par l'article 5 de l'Acte qui dispose que toute puissance qui exerce ou exercera des droits de souveraineté dans les territoires susvisés ne pourra y concéder ni monopole ni privilège d'aucune espèce en matière commerciale, et que les étrangers y jouiront indistinctement, pour la protection de leurs personnes et de leurs biens, l'acquisition et la transmission de leurs propriétés mobilières et immobilières et pour l'exercice des professions, du même traitement et des mêmes droits que les nationaux.

A cette liberté du commerce s'ajoute la liberté de navigation sur toutes les eaux du bassin conventionnel du Congo, dont le principe est posé à l'article 2 de l'Acte. En outre, les marchandises importées dans les territoires du bassin conventionnel devaient faire l'objet d'une franchise d'entrée et de transit, et ne devaient acquitter d'autres taxes que celles qui pouvaient être perçues comme une équitable compensation de dépenses utiles pour le commerce et qui, à ce titre, devaient être également supportées par les nationaux et par les étrangers de toute nationalité (égalité de traitement, dans la neutralité, entre les nationaux et les étrangers).

Cette liberté trop étendue, qui relève de ce qui a été qualifié de politique de la porte ouverte, posa plus tard des problèmes pour la survie de l'Etat et appela un adoucissement qui fut opéré d'abord par la Déclaration de Bruxelles du 02 juillet 1890, et ensuite par la Convention de Saint-Germain-en-Laye du 10 septembre 1919 qui avait remplacé l'Acte Général de Berlin du 26 février 1885[27].

Toutefois, la liberté du commerce et de l'industrie est demeurée, bien qu'avec certaines modifications dans son étendue selon les époques[28], le principe régissant l'activité économique depuis l'Etat Indépendant du Congo jusqu'à nos jours, en passant par l'époque du Congo Belge. Elle a été érigée, depuis, en principe constitutionnel et est portée,

---

[27] Voir KUMBU ki NGIMBI, Jean-Michel, *Législation en matière économique*, 4è édition (revue et augmentée), Kinshasa, Editions de l'Institut Africain des Droits de l'Homme et de la Démocratie (I.A.D.H.D.), 2020, pp. 26-27.

[28] Pour avoir des détails sur l'évolution de ce principe, il est recommandé de lire KUMBU ki NGIMBI, Jean-Michel, *Législation en matière économique*, précité, pp. 25-28.

aujourd'hui, par les articles 34 et 35 de la Constitution de la République Démocratique du Congo telle que modifiée par la Loi n° 11/002 du 20 janvier 2011 portant révision de certains articles de la Constitution de la République Démocratique du Congo du 18 février 2006. L'article 34 pose, en substance, que la propriété privée est sacrée. L'Etat garantit le droit à la propriété individuelle ou collective acquis conformément à la loi ou à la coutume. Il encourage et veille à la sécurité des investissements privés, nationaux et étrangers. Tandis qu'à l'article 35, on peut lire que l'Etat garantit le droit à l'initiative privée tant aux nationaux qu'aux étrangers. Il encourage l'exercice du petit commerce, de l'art et de l'artisanat par les Congolais et veille à la protection et à la promotion de l'expertise et des compétences nationales.

En plus, la Loi organique n° 18-020 du 9 juillet 2018 relative à la liberté des prix et à la concurrence dispose, en son article 3 alinéa 1er, que la liberté du commerce et de l'industrie est garantie en République démocratique du Congo.

Section 2. Etendue du principe de la liberté du commerce et de l'industrie

Le libéralisme économique, même dans son expression la plus forte des penseurs libéraux classiques, notamment avec la formule « laissez-faire, laissez-passer » du physiocrate Vincent de Gournay reprise par Adam Smith qui évoque une main invisible du marché qu'il faut laisser agir, n'a jamais prôné une liberté absolue. Il est vrai que les libéraux classiques s'opposent à l'intervention de l'Etat en matière économique, ce dernier devant se contenter de ses missions régaliennes traditionnelles ; il n'empêche qu'ils lui reconnaissent tout de même un rôle minimal en tant qu'Etat gendarme, celui de veiller au respect des conditions de concurrence pure et parfaite, de permettre l'exercice de la liberté individuelle et, le cas échéant, de pallier les rares défaillances du marché »[29]. C'est donc la reconnaissance du fait que la liberté ne peut survivre qu'avec un minimum d'ordre et de respect des lois qui en limitent les excès et empêchent que les forts n'écrasent les faibles. L'Etat est appelé à garantir cet ordre et même à agir ne serait-ce qu'en vertu du principe de subsidiarité qui, en matière

[29] "Libéralisme." Microsoft® Encarta® 2009 [DVD]. Microsoft Corporation, 2008.

économique, se traduirait par le fait que l'Etat n'intervient que là où personne ne peut agir plus efficacement que lui lorsque l'intérêt public l'exige.

Historiquement, on sait qu'une sorte de libéralisme sans crin a été expérimenté en matière sociale après la Révolution française. Suite à l'hostilité des Révolutionnaires aux corporations[30] autour desquelles était organisée l'activité économique durant la période antérieure, le Décret d'Allarde et la Loi Le Chapelier les avaient supprimées et posé le principe fondamental de la liberté du travail en mettant en exergue la capacité contractuelle des partenaires sociaux ainsi que leur aptitude à se doter, en pleine autonomie et par leur seule volonté, de règles devant régir leurs rapports de travail. Selon ce principe de la liberté du travail, *chaque homme est libre de travailler là où il le désire, et chaque employeur libre d'embaucher qui lui plaît grâce à la conclusion d'un contrat dont le contenu est librement déterminé par les intéressés.* On considérait alors que l'intervention de l'Etat dans le contrat de travail ne pouvait être acceptée parce que liberticide, et que les groupements professionnels de travailleurs pouvaient conduire à une emprise du groupe sur l'individu ; ce qui est contraire à l'expression de la liberté individuelle. Les parties n'étaient donc liées que par le contrat de travail, seule source du droit du travail, et la grève, manifestation par excellence de l'action collective des travailleurs, était incriminée et sanctionnée comme délit de coalition.

Les travailleurs, isolés, étaient devenus, dans ces conditions, la proie des employeurs qui les ont exploités de manière scandaleuse. En effet, le travailleur n'avait, en réalité, aucun pouvoir de négociation vis-à-vis de l'employeur avec qui on voulait le mettre en situation d'égalité conformément au principe civiliste de l'égalité des contractants. Une telle égalité n'existe pas dans le contrat de travail car le travailleur est sous une double dépendance à l'égard de l'employeur : une dépendance économique et une dépendance juridique matérialisée par sa subordination à l'employeur. La situation des travailleurs fut si misérable qu'elle appela impérativement une intervention de l'Etat

---

30 Notion apparue au moyen-âge, la corporation désignait un organisme social qui regroupait les membres d'une même profession selon une hiérarchie où on retrouvait les apprentis, les compagnons et les maîtres ou patrons. C'est parmi ces derniers qu'étaient choisis les chefs de la corporation dénommés les jurés. Le terme jurande provient de là.

pour protéger les travailleurs. Des règles d'ordre public furent édictées par les pouvoirs publics en rapport, notamment, avec l'âge de la capacité contractuelle en matière du travail, la limitation de la durée journalière de travail, ... L'idée sous-jacente à cette option est finalement celle de reconnaître à l'Etat la légitimité d'intervenir pour protéger les plus faibles. Dans le monde du travail, ce souci de protection des personnes socialement faibles trouve un terrain de prédilection : on va voir l'Etat intervenir dans les relations entre employeurs et salariés essentiellement dans le but de sécuriser les salariés et d'améliorer leur sort. Dans ce cadre, l'Etat est pleinement fondé à produire des normes visant à mettre en place des outils juridiques de protection et à garantir des droits pour l'individu. L'épisode du libéralisme instauré après la Révolution française en matière sociale et la pléthore de misères qu'il a engendrée pour les travailleurs ont donc démontré qu'on ne peut méconnaître totalement l'apport de l'interventionnisme de l'Etat dans les divers aspects des rapports sociaux[31].

La liberté du commerce et de l'industrie qui a vu le jour avec l'idéologie du libéralisme économique ne pouvait, par conséquent, être conçue comme une liberté absolue, en dépit du désir manifesté par les Révolutionnaires de briser les contraintes qui entravaient l'activité économique (monopoles, lois et règlements trop contraignants ...) et de libérer le marché. Il s'agissait bien de limiter l'ingérence de l'Etat, et non de la supprimer totalement. Linda Arcelin-Lécuyer souligne d'ailleurs, à raison, que l'époque révolutionnaire s'était voulue libérale et non libertaire, et que donc aucune des libertés proclamées ne pouvait être envisagée de façon absolue[32]. La liberté du commerce et de l'industrie devait être réglementée, et l'article 7 du Décret d'Allarde, qui la consacre, le précise bien puisqu'il est ainsi libellé : « À compter du 1er avril prochain, il sera libre à toute personne de faire tel négoce ou d'exercer telle profession, art ou métier qu'elle jugera bon, mais elle sera tenue

---

[31] Voir MASIALA MUANDA VI Y., Jean, « Plaidoyer pour la mise en place d'un observatoire du droit au travail en RD Congo », in MANZANZA L., Yves-Junior et MONSENEPWO M., Justin, *Droit, bonne gouvernance et développement durable en RDC, Mélanges en l'honneur du Professeur Jean-Michel Kumbu ki Ngimbi*, Paris, L'Harmattan, 2018, p. 149.

[32] ARCELIN-LECUYER, Linda, *Droit de la concurrence*, Presses universitaires de Rennes, 2013, p. 9.

de se pourvoir auparavant d'une patente, d'en acquitter le prix, *et de se conformer aux règlements de police qui sont ou pourront être faits* »[33].

La liberté du commerce et de l'industrie, qui sous-tend le régime de l'économie de marché, est devenue un principe de valeur constitutionnelle dans de nombreux pays. En tant que telle, elle s'impose au Parlement. En effet, ce dernier peut certes apporter des limitations et prévoir des exceptions à ce principe, puisqu'il n'a pas un caractère absolu, mais il ne peut pas le remettre en cause ou le supprimer. Ensuite, ce principe s'impose à l'administration qui ne peut, de son propre chef, y apporter des limitations. Seul le Parlement est compétent pour apporter des limitations et des exceptions à la liberté du commerce et de l'industrie puisqu'il s'agit d'une liberté publique et qu'elle relève donc du domaine de la loi. Enfin, elle s'impose aux personnes privées. Dans ce sens, sera considérée comme nulle et de nullité absolue, toute convention par laquelle une personne s'interdirait d'exercer une activité économique ou renoncerait à l'exercice de sa profession. Les conventions de non-concurrence et de non-rétablissement ne sont admises que pour autant qu'elles sont limitées et justifiées par un intérêt légitime et proportionnées à leur objectif[34].

Comme dans beaucoup d'autres pays, la liberté du commerce et de l'industrie est un principe constitutionnel en République démocratique du Congo. Et comme ailleurs, ce principe n'a pas un caractère absolu. L'article 35 de la Constitution de la République Démocratique du Congo telle que modifiée par la Loi n° 11/002 du 20 janvier 2011 portant révision de certains articles de la Constitution de la République Démocratique du Congo du 18 février 2006 est clair à ce sujet : « L'Etat garantit le droit à l'initiative privée tant aux nationaux qu'aux étrangers. Il encourage l'exercice du petit commerce, de l'art et de l'artisanat par les Congolais et veille à la protection et à la promotion de l'expertise et des compétences nationales. *La loi fixe les modalités d'exercice de ce droit* »[35].

---

[33] C'est nous qui mettons en italique.

[34] BLAISE, Jean-Bernard et DESGORCES, Richard, *op. cit.*, pp. 234-236.

[35] C'est nous qui mettons en italique.

On a vu que la liberté du commerce et de l'industrie a été consacrée depuis l'époque de l'Etat Indépendant du Congo ; elle a été reprise dans tous les textes constitutionnels qu'a connu le pays depuis son accession à l'indépendance[36], alors qu'avant l'indépendance elle a figuré dans des instruments à caractère international (Acte général de Berlin du 26 février 1885, Déclaration de Bruxelles du 02 juillet 1890, Convention de Saint-Germain-en-Laye du 10 septembre 1919). Nous savons que la disposition la plus élevée qui a régi le Congo belge est la Charte coloniale du 18 octobre 1908 relative aux structures du Congo belge. Pour F. Toengaho Lokundo, ce texte « qui avait instauré un système de gestion et de contrôle de la Colonie (dépourvue de la personnalité juridique internationale) à partir de Bruxelles n'était pas un texte de nature constitutionnelle »[37]. C'est ce qu'affirment également Félix Vunduawe te Pemako[38], d'une part, et Mukadi Bonyi

[36] Il faut tout de suite signaler que la RDC est caractérisée, depuis son indépendance, par une grande instabilité des lois et des institutions. Ce qui, de l'avis de maints auteurs, a conduit « au dérèglement de l'Etat, avec toutes ses conséquences sur le crédit du pays et la vie des citoyens » (NYABIRUNGU mwene SONGA, *Préface*, in IYELEZA MOJU-MBEY et alii, *Recueil des textes constitutionnels de la République du Zaïre. Du 19 mai 1960 au 28 avril 1991 avec, en annexe, la Charte coloniale du 18 octobre 1908*, Kinshasa, Editions Ise-Consult, 1991, sp.). En effet, de 1960 jusqu'à la Constitution du 18 février 2006, le pays a connu neuf Constitutions et vingt-cinq modifications, dont certaines ont une importance telle que les constitutionnalistes n'hésitent pas à les considérer comme des constitutions nouvelles (Tel est le cas de la révision constitutionnelle du 15 août 1974). Ceci a fait dire à Greg. Bakandeja wa Mpungu que la RDC est un pays consommateur de constitutions (BAKANDEJA wa MPUNGU, G., « La nouvelle Constitution de la République Démocratique du Congo : sources et innovations », in *Annales de la Faculté de Droit*, Université de Kinshasa, PUK, 2007, p. 218) ; constat que confirment par ailleurs Mukadi Bonyi et alii (MUKADI BONYI (dir.), *Cinquante ans de législation post coloniale au Congo-Zaïre* : quel bilan ?, Bruxelles, CRDS, 2010, p. 111). Avec la Constitution actuellement en vigueur, celle du 18 février 2006 et les conditions de son élaboration, on a eu l'espoir que les politiques congolais avaient tiré les leçons du passé et que la page de cette instabilité constitutionnelle était tournée. Mais voilà qu'elle aussi a déjà inauguré le cycle de ses modifications avant même qu'elle n'ait franchi le cap de ses cinq ans d'existence (Loi n° 11/002 du 20 janvier 2011 portant révision de certains articles de la Constitution de la République démocratique du Congo du 18 février 2006, in *JORDC*, 52ème année, n° 3, pp. 1-6).

[37] TOENGAHO LOKUNDO, F, *Les Constitutions de la République démocratique du Congo. De Joseph Kasa-Vubu à Joseph Kabila*, Kinshasa, PUC, 2008, p. 8.

[38] VUNDUAWE te PEMAKO, F., *Traité de droit administratif*, Bruxelles, Afrique Editions - Larcier, 2007, p. 189. Pour l'auteur, la Charte coloniale est une loi organique et particulière belge, édictée en vertu de l'art. 1er, al. 4 de la Constitution belge pour régir le Congo belge.

et alii[39], d'autre part. On peut donc soutenir qu'il n'a pas existé à cette époque un texte véritablement constitutionnel, d'autant plus que même la période qui a précédé la cession de l'Etat Indépendant du Congo à la Belgique en 1908 n'a pas, elle non plus, connu de texte constitutionnel. Néanmoins, il est admis que de 1908 jusqu'à l'accession du pays à l'indépendance en 1960, la Charte coloniale, votée par le parlement belge, a fait office de constitution. « Il s'agit […] d'un texte fondamental de l'époque coloniale »[40].

Section 3. Contenu du principe de la liberté du commerce et de l'industrie

Contrairement au régime des corporations qui bloquait les initiatives individuelles, la liberté du commerce et de l'industrie apparut comme le système qui garantit les libertés économiques et qui permet à chaque personne qui le désire, sous réserve de respecter les lois de police économique édictées par les pouvoirs publics, de créer une entreprise dans le domaine et aux conditions de son choix, et d'en choisir le mode d'organisation et de gestion qu'elle estime être le mieux adapté au regard de ses intérêts. Ce principe implique également le droit pour toute personne qui crée une entreprise, « d'entrer en relation d'affaires avec les personnes de son choix, de s'établir en tout endroit de la République qui lui convient, de débuter et de mettre fin à son exploitation commerciale à l'époque qu'elle juge nécessaire et opportune »[41].

La liberté du commerce et de l'industrie est, à cet égard, un concept vaste qui englobe plusieurs libertés économiques. L'article 3 de la Loi organique n° 18-020 du 9 juillet 2018 relative à la liberté des prix et à la concurrence qui proclame que la liberté du commerce et de l'industrie est garantie en République démocratique du Congo, précise qu'elle s'exerce dans le cadre de la liberté de prix (§1) et de la libre concurrence (2), deux catégories de libertés liées intrinsèquement aux yeux du législateur congolais qui note que « la liberté des prix reste la

---

[39] MUKADI BONYI (dir.), *Cinquante ans de législation post coloniale au Congo-Zaïre : quel bilan ?*, Bruxelles, CRDS, 2010, p. 31. La Charte coloniale, affirment les auteurs, n'est pas une Constitution à part entière, comme d'aucuns l'ont cru.

[40] *Ibid.*

[41] KUMBU ki NGIMBI, Jean-Michel, *Législation en matière économique*, précité, p. 24.

forme principale de la concurrence. Le prix reste aussi l'instrument par lequel certains intervenants restreignent la concurrence sur le marché »[42].

§1. Liberté de prix

Des liens existent nécessairement entre la concurrence et le régime des prix. En effet, sur un marché marqué par une concurrence effective, « les prix ne sont pas "donnés" aux entrepreneurs, c'est-à-dire issus de la rencontre entre une offre et une demande, mais "fixés" par eux-mêmes, c'est-à-dire issus de décisions prises, sous conditions »[43]. Le prix fixé doit permettre à l'entrepreneur, non seulement de rentrer dans ses coûts et, éventuellement, de faire des bénéfices, mais aussi d'être en phase avec les prix des autres entrepreneurs, les concurrents, et avec les attentes des consommateurs[44].

De ce point de vue, le prix peut devenir une arme à laquelle les concurrents peuvent recourir pour s'attirer les faveurs des consommateurs par priorité aux autres entreprises. En jouant sur les prix, une entreprise peut, en effet, voir ses produits ou services être préférés à ceux des autres. En sens inverse, une bonne concurrence aura des effets positifs sur la formation des prix sur le marché ; ce qui ne pourra qu'être bénéfique aux consommateurs. Mais, on le sait déjà, la liberté, même celle des prix, peut générer des abus ou des excès qui pourraient nuire à la concurrence. Tel serait le cas si, pour gagner des parts de marché, une entreprise pratiquait des prix prédateurs ou des prix illicites. Les accords de prix, notamment ceux sur la fixation des

---

[42] Exposé des motifs de la Loi organique n° 18-020 du 9 juillet 2018 relative à la liberté des prix et à la concurrence.

[43] DALLERY, Thomas, ELOIRE, Fabien et MELMIES, Jordan, « La fixation des prix en situation d'incertitude et de concurrence : Keynes et White à la même table », in *La Découverte, Revue Française de Socio-Économie*, 2009/2 n° 4, p. 178. D'après ces auteurs, en effet, « il y a deux manières de considérer le prix en tant qu'objet économique. Soit il est "donné" : c'est la conception néoclassique, selon laquelle le prix résulte de la libre confrontation entre une offre et une demande ; ce qui implique qu'un agent individuel sur un marché n'a pas de prise sur le prix qu'il pratique, il est donc *price taker*. Soit, au contraire, il est "fixé" : c'est la conception hétérodoxe, selon laquelle le prix résulte d'une décision de l'entrepreneur, décision qui doit faire face à certaines contraintes, mais qui laisse aussi une certaine autonomie, il est donc *price maker* » (p. 179).

[44] *Ibidem*, p. 178.

prix (prix imposés, rabais, etc.) sont aussi de nature à restreindre la concurrence[45]. D'où l'intérêt d'une législation sur les prix.

Dans son interventionnisme en matière des prix, le comportement de l'Etat peut varier suivant les circonstances et les objectifs de la politique économique du gouvernement. Il est appelé à une intervention forte en recourant au système de fixation autoritaire des prix, notamment par un blocage de prix, en période de pénurie, de crise économique, de désorganisation du marché ou de stagnation du pouvoir d'achat[46]. Par contre, en période d'abondance, il se limitera généralement au contrôle ou à la surveillance des prix proposés par les professionnels, tout en leur imposant néanmoins des bases de calcul des marges bénéficiaires.

Le premier texte de portée générale qui a réglementé les prix depuis l'accession de la République démocratique du Congo à l'indépendance est le Décret-loi du 20 mars 1961 dont l'objet était de poser les règles régissant la fixation, la publicité et le contrôle des prix des biens et services, ainsi que le calcul des marges bénéficiaires[47]. Ce texte qui avait institué un système de fixation autoritaire des prix a subi une modification importante en 1983 avec l'ordonnance-loi n° 83-026 du 12 septembre 1983 pour répondre aux exigences du libéralisme caractérisant depuis toujours le système économique congolais. Les alinéas 1 et 2 de l'article 1er de ladite Ordonnance-loi, qui ont remplacé l'article 2 du Décret-loi du 20 mars 1961 disposent : « les prix de vente des produits et services sont librement fixés par ceux qui en font l'offre, en se conformant aux dispositions du présent décret-loi et à ses mesures d'exécution. Ils ne sont pas soumis à homologation préalable mais doivent, après qu'ils aient été fixés, être communiqués, avec tout le dossier y afférent, au Ministre ayant l'économie nationale dans ses attributions pour un contrôle a

---

45 GRYNFOGEL, Catherine et MARTHAN, Jérémie, *op. cit.*, p. 37.

46 LEHUEDE, Pascal, *op. cit.*, p. 11.

47 Quelques textes réglementant les prix ont existé avant 1961, mais ils ne concernaient que le marché européen, laissant de côté le marché indigène. C'est le cas de l'Ordonnance-loi du 05 août 1914 qui réprime l'accaparement et le surenchissement injustifié des vivres, l'Ordonnance-loi du 13 mars 1940 qui réprime toute spéculation illicite et toute hausse anormale des prix et l'Ordonnance-loi du 17 juillet 1942 qui institue un contrôleur des prix principal et lui adjoint un Conseil Technique, l'Ordonnance-loi du 1er août 1944 relative aux prix.

posteriori. Le Ministre ayant l'économie nationale dans ses attributions détermine les modalités de calcul et de fixation des prix ainsi que la marge bénéficiaire maximum autorisée aux commerçants autres que les producteurs des biens ou des services. Il peut déléguer ce pouvoir aux gouverneurs de provinces ». La libéralisation des prix introduite par cette ordonnance-loi ne concernait cependant pas quelques produits et services considérés comme stratégiques : l'eau, l'électricité, les hydrocarbures, les transports publics. Dans ces secteurs, le Ministre ayant l'économie nationale dans ses attributions avait conservé son pouvoir de fixation des prix, pouvoir qu'il pouvait déléguer aux Gouverneurs de province en ce qui concerne les prix des transports publics[48].

Le décret-loi du 20 mars 1961 relatif aux prix, tel que modifié et complété par l'ordonnance-loi 83-026 du 12 septembre 1983, n'était plus en phase avec « l'évolution institutionnelle du pays »[49]. C'est ainsi qu'il a été abrogé par la Loi organique n° 18-020 du 9 juillet 2018 relative à la liberté des prix et à la concurrence. Celle-ci garde l'option de la liberté de prix qui « donne le droit à toute personne exerçant une activité économique ou commerciale de fixer le prix de son bien ou service »[50] dans les conditions qu'elle fixe. Elle pose les règles relatives à la fixation (A) et la transparence (B) des prix, ainsi qu'aux pratiques prohibées, notamment la pratique des prix illicites (C). Elle prévoit aussi les infractions en matière des prix et le régime de leur répression.

A. Fixation des prix

Il sera question ici d'examiner d'abord le principe de la libre détermination des prix (1°) tel qu'il est posé par la Loi-organique n° 18-020 du 9 juillet 2018 relative à la liberté des prix et à la concurrence, et ensuite d'analyser les exceptions à ce principe (2°).

---

[48] Art. 3 du Décret-loi du 20 mars 1961 relatif aux prix, tel que modifié et complété par l'ordonnance-loi 83-026 du 12 septembre 1983.
[49] Exposé des motifs de la Loi organique n° 18-020 du 9 juillet 2018 relative à la liberté des prix et à la concurrence.
[50] Art. 4 de la Loi organique n° 18-020 du 9 juillet 2018 relative à la liberté des prix et à la concurrence.

1°) Principe de la libre détermination des prix

Aux termes de l'article 6 de la Loi organique n° 18-020 du 9 juillet 2018 relative à la liberté des prix et à la concurrence, « les prix des biens et services sont librement fixés par ceux qui en font l'offre. Ils ne sont pas soumis à homologation préalable mais doivent, après qu'ils aient été fixés, être communiqués, avec le dossier y afférent, au ministre ayant l'économie nationale dans ses attributions, pour un contrôle a posteriori ». Cette disposition reconduit donc l'option de la libéralisation des prix des biens et services telle qu'elle avait été levée déjà par l'ordonnance-loi 83-026 du 12 septembre 1983. Elle confirme aussi la compétence du Ministre ayant l'économie nationale dans ses attributions, c'est-à-dire le Ministre du pouvoir central, pour le contrôle a posteriori des prix fixés par les agents économiques. Mais, comme en 1983, cette libéralisation des prix n'est pas absolue puisque l'article 7 prévient que « le ministre ayant l'économie nationale dans ses attributions détermine les modalités de calcul et de fixation des prix ainsi que la marge bénéficiaire maximale autorisée aux commerçants autres que les professions libérales ».

Il faut aussi noter que la libre détermination des prix s'étend aux prix de revente des biens et services. A cet effet, l'article 11 répute nulle toute disposition qui impose un caractère minimal au prix de revente d'un produit ou d'un bien, d'une prestation de service ou à une marge commerciale, à l'exception du domaine de l'édition pour la vente des livres et de la presse écrite pour la vente des journaux et périodiques.

2°) Exceptions au principe de la libre détermination des prix

Le principe de la libre détermination des prix est assorti de quelques exceptions.

En premier lieu, l'option du législateur de 1983 de confier au Ministre ayant l'économie nationale dans ses attributions le pouvoir de fixation des prix dans certains secteurs stratégiques a été maintenue. Ainsi, ce dernier est compétent pour fixer les prix des hydrocarbures et des transports publics, étant précisé que, pour les transports publics, il peut déléguer sa compétence aux Gouverneurs des provinces. Par contre, il fixe les prix de l'électricité et de l'eau conjointement avec les ministres ayant l'électricité et l'eau dans leurs attributions.

En second lieu, le Gouvernement peut être amené à réglementer plus ou moins autoritairement les prix des biens et services sur proposition du Ministre ayant l'économie nationale dans ses attributions dans deux hypothèses : soit en cas d'absence ou d'insuffisance de la concurrence occasionnant des hausses excessives des prix (situations de monopoles de fait ou de restriction sévère de l'offre entravant le jeu normal de la concurrence), soit en cas de crise, de calamité naturelle ou de circonstances exceptionnelles provoquant ou menaçant de rompre l'équilibre du marché par une désorganisation des capacités d'approvisionnement et de stockage des produits[51]. La loi est muette sur les modalités de cette intervention du Gouvernement, mais on peut penser qu'il peut s'agir de mesures soit de blocage soit seulement d'encadrement des prix, mesures qui devraient cesser de produire des effets avec la disparition des causes qui les auraient justifiées.

B. Transparence des prix

La transparence des prix est très importante à plusieurs égards. Elle est un élément essentiel de la loyauté des prix et promeut, de ce fait, le jeu normal de la concurrence. En effet, elle peut permettre aux concurrents de comparer les prix pratiqués dans leur zone de chalandage et d'ajuster leurs prix en fonction des résultats de cette comparaison. Elle facilite aussi le contrôle du respect des règles de la fixation des prix par les services compétents. Elle joue enfin un rôle important dans la promotion de la sécurité économique des consommateurs.

Pour garantir cette transparence, le législateur a pris des dispositions claires[52] qui peuvent se résumer comme suit :

- tout vendeur doit informer les consommateurs en affichant les prix des produits qu'il expose ou qu'il met en vente, ou en publiant le tarif des prestations qu'il offre au public. Il appartient au Ministre ayant l'économie nationale dans ses attributions de déterminer les modalités de l'affichage des prix ou de la publication des tarifs qui peuvent se réaliser par voie de marquage, d'étiquetage ou par tout autre procédé

[51] Art. 9 et 10 de la Loi organique n° 18-020 du 9 juillet 2018 relative à la liberté des prix et à la concurrence.

[52] Art. 12, 13, 14, 15, 16 et 20 de la Loi organique n° 18-020 du 9 juillet 2018 relative à la liberté des prix et à la concurrence.

approprié. Toutefois, les prestations offertes par l'exercice d'une profession libérale ne sont pas concernées par la publication des tarifs ;

- une facture détaillée doit être remise spontanément à l'acheteur pour toute vente de produits ou toute prestation de service, selon les normes édictées par le Ministre ayant l'économie nationale dans ses attributions. Dans tous les cas, cette facture sera réclamée par l'acheteur si elle ne lui est pas remise spontanément ;

- les factures établies et la structure des prix sont obligatoirement présentées à l'autorité investie du pouvoir de contrôle, chaque fois que celle-ci en exige la production ;

- tout producteur, grossiste, importateur ou prestataire des services est tenu de communiquer, par écrit, à tout revendeur son barème de prix et ses conditions générales de vente, en indiquant notamment les modalités de règlement, les rabais et ristournes accordés de façon permanente ou occasionnelle ainsi que les actions promotionnelles du distributeur ;

- il est fait obligation à tout commerçant, industriel, producteur agricole et artisan d'établir, au moyen de livres, factures ou tous autres documents, d'une part, la quantité des produits qu'il détient ainsi que leur provenance et, d'autre part, le prix de revient des produits offerts en vente ou des prestations offertes au public ainsi que le prix de vente des produits ou le prix de prestations.

En attendant que de nouveaux textes concernant la transparence des prix soient pris par le Ministre ayant l'économie nationale dans ses attributions en exécution de la Loi-organique n° 18-020 du 9 juillet 2018 relative à la liberté des prix et à la concurrence, il devrait être fait recours aux dispositions non contraires à cette Loi-organique contenues dans les actes pris antérieurement en exécution du Décret-loi du 20 mars 1961 relatif aux prix, tel que modifié et complété par l'Ordonnance-loi 83-026 du 12 septembre 1983, en particulier l'Arrêté ministériel n° 2 du 24 janvier 1963 portant sur l'affichage des prix et l'établissement des factures, l'Arrêté ministériel 017/CAB/MENIPME/96 du 1er juillet 1996 portant mesures d'exécution du Décret-loi du 20 mars 1961 relatif aux prix, et l'Arrêté ministériel n°

065/CAB/MIN/ECONAT/MBL/DKL/DAG/2015 du 26 novembre 2015 modifiant et complétant l'Arrêté ministériel n°030/CAB/MIN-ECO & COM/2013 du 02 octobre 2013 portant mesures d'exécution du Décret-loi du 20 mars 1961 relatif aux prix.

C. Pratiques prohibées

Certaines pratiques sont expressément prohibées dans la mesure où elles peuvent mener à une désorganisation du marché, retreindre la concurrence et nuire aux intérêts des consommateurs ainsi qu'à l'intérêt général. C'est dans ce registre qu'il faut situer, à côté de l'interdiction d'autres pratiques (1°), celle de la pratique des prix illicites qui occupe un chapitre à part (2°).

1°) Prohibition de pratiques autres que la pratique des prix illicites

Certaines prohibitions sont d'ordre général et s'appliquent à tout acteur économique (a), alors que d'autres sont spécifiques aux commerçants, industriels, producteurs agricoles et artisans (b).

a) Prohibitions applicables à tout acteur économique

La loi interdit la revente à perte, sauf dans les cas qu'elle excepte et qui sont repris à l'article 18 de la Loi-organique n° 18-020 du 9 juillet 2018 relative à la liberté des prix et à la concurrence. Il faut entendre par revente ou vente à perte, la revente ou la vente d'un produit en l'état à un prix inférieur à son coût d'achat[53].

Il peut aussi arriver qu'un distributeur qui sait bien qu'il ne dispose que d'une très faible quantité d'un produit déterminé, adopte une marge bénéficiaire très basse tout en faisant une campagne publicitaire pour ce produit. L'objectif poursuivi est en fait d'attirer les acheteurs pour ensuite leur proposer des produits de substitution. Il va sans dire qu'il s'agit là d'une pratique déloyale que la loi interdit.

---

[53] Art. 5-18 de la Loi-organique n° 18-020 du 9 juillet 2018 relative à la liberté des prix et à la concurrence.

b) Prohibitions spéciales aux commerçants, industriels, producteurs agricoles et artisans

A ces catégories d'acteurs économiques, la loi interdit spécialement toute rétention de stocks et la détention de stock d'un produit en vue d'en provoquer la pénurie, ou encore la détention, en vue de la vente, d'un stock de produits étrangers à son activité économique. Si la loi définit la rétention comme « le fait, pour un producteur ou un commerçant, de différer la mise en oeuvre des matières premières ou de produits semi-finis ou de conserver un stock de produits destinés à la vente supérieur au stock normal »[54], la détention des stocks est, quant à elle, présentée comme « le fait pour un opérateur économique de conserver ou de posséder un stock ou des stocks pour une utilisation future dans le cadre de ses activités »[55].

Les commerçants, industriels, producteurs agricoles et artisans ne sont pas également autorisés à :

- refuser de satisfaire, dans la mesure de leurs possibilités, aux demandes des acheteurs des produits ou aux demandes de prestations des services lorsque ces demandes ne présentent aucun caractère anormal et qu'elles émanent des demandeurs de bonne foi ;

- subordonner la vente d'un produit ou la prestation d'un service quelconque soit à l'achat concomitant d'autres produits, soit à l'achat d'une quantité imposée, soit à la prestation d'un autre service, sauf en cas de biens constituant un kit, un jeu emballé dans un même paquet ou d'un service après-vente nécessaire ;

- pratiquer à l'égard d'un partenaire économique ou d'obtenir de lui des prix, des délais de paiement, des conditions ou des modalités de vente ou d'achat discriminatoires et non justifiées par des contreparties réelles, en créant, de ce fait, pour ce partenaire, un désavantage ou un avantage dans la concurrence ;

- vendre ou acheter en vue de revendre les produits, biens ou marchandises dont la provenance est inconnue.

---

[54] Art. 5-15 de la Loi-organique n° 18-020 du 9 juillet 2018 relative à la liberté des prix et à la concurrence.

[55] Art. 5-5 de la Loi-organique n° 18-020 du 9 juillet 2018 relative à la liberté des prix et à la concurrence.

2°) Prohibition de la pratique de prix illicites

Pour bien appréhender l'illicéité du prix, il faut distinguer deux situations. La première est celle d'un marché normal avec une concurrence régulière où s'applique le principe de la libre détermination des prix par les acteurs économiques sous réserve du respect des prescrits légaux et réglementaires en la matière, notamment ceux en rapport avec le calcul des marges bénéficiaires. Dans ce cas, sera considéré comme illicite, un prix supérieur au prix fixé conformément aux dispositions légales et réglementaires. La deuxième situation est celle où, suite à certaines circonstances, le Gouvernement est appelé à réglementer les prix des biens et services. Dans cette deuxième hypothèse, le prix illicite est celui qui excède le prix réglementé.

Le législateur congolais condamne fermement la pratique de prix illicites, tout en en indiquant les manifestations infractionnelles à l'article 25 de la Loi organique n° 18-020 du 9 juillet 2018 relative à la liberté des prix et à la concurrence. De cette disposition, il appert que constituent les actes infractionnels de la pratique de prix illicites : 1) toute vente de produits, prestation de service, offre, propositions de vente de produits ou de prestation de services faites ou contractées à un prix illicite ; 2) tout achat et offre d'achat de produits ou toute demande de prestations de services faits ou contractés à un prix illicite; 3) toute vente ou offre de vente et tout achat ou offre d'achat comportant, sous quelque forme que ce soit, une prestation occulte ; 4) toute prestation de services, offre de services comportant, sous quelque forme que ce soit, une rémunération occulte ; 5) toute vente ou offre de vente et tout achat ou offre d'achat comportant la livraison de produits inférieurs en quantité ou en qualité à ceux facturés ou à facturer, retenus ou proposés, ainsi que les achats contractés dans les conditions ci-dessus visées ; 6) toute prestation de services, ou offre de prestation de services, toute demande de prestations de services comportant la fourniture de travaux ou de services inférieurs en importance ou en qualité à ceux retenus ou proposés pour le calcul du prix de ces prestations, offres ou demandes de services, ainsi que les prestations de services acceptées dans les conditions ci-dessus ; 7) toute vente ou offre de vente de produits et toute prestation ou offre de prestation de services subordonnée à l'échange d'autres produits ou services, hormis celles qui visent la satisfaction de besoins personnels ou familiaux.

§2. Libre concurrence

La libre concurrence est érigée en principe (A) par la Loi organique n° 18-020 du 9 juillet 2018 relative à la liberté des prix et à la concurrence. Mais ce principe est assorti de quelques dérogations (B).

A. Principe

La concurrence, on l'a vu, est inhérente au libéralisme économique qui prône une économie caractérisée par le libre jeu des initiatives individuelles. Elle constitue, en un sens, un des principes fondamentaux des économies libérales. Tel est l'avis du législateur congolais qui dispose que la liberté du commerce et de l'industrie, garantie en République démocratique du Congo, s'exerce notamment dans le cadre de la libre concurrence. Le principe posé en droit congolais et donc celui de la liberté de la concurrence, même si ce principe ne fait pas l'objet d'une constitutionnalisation explicite : il n'est pris en compte, au niveau constitutionnel, qu'indirectement à travers la liberté du commerce et de l'industrie[56] dont il est le prolongement. Il implique le droit pour toute personne d'exercer une activité économique ou commerciale de son choix aux conditions qu'elle juge compétitives, qu'elle fixe librement sous réserve des restrictions légales[57].

On voit aussi, par cette formulation, que la liberté de la concurrence n'est pas absolue : elle s'exerce conformément aux dispositions légales et réglementaires qui peuvent y apporter des restrictions. Cette réglementation est d'une importance capitale pour assainir la compétition concurrentielle, en poser et en faire respecter les règles du jeu. Particulièrement dans le contexte actuel d'une économie libérale confrontée à la mondialisation, les acteurs économiques doivent, pour

---

[56] La situation est quasi-identique en France où le droit de la concurrence est aussi purement législatif (Voir HUBERT, Patrick et CASTAN, Adrien, « Droit constitutionnel et liberté de la concurrence », in *Les nouveaux cahiers du Conseil constitutionnel*, 2015/4 (n° 49), p. 21.

[57] Art. 3 et 4 de la Loi organique n° 18-020 du 9 juillet 2018 relative à la liberté des prix et à la concurrence.

leur survie, être capables de résister à la concurrence. Raison pour laquelle celle-ci doit se dérouler dans un cadre qui offre à tous les concurrents le maximum de chance d'acquérir, de développer et de conserver une grande capacité concurrentielle.

B. Dérogations au principe

Il faut d'abord rappeler qu'une liberté absolue tuerait la concurrence et le marché. C'est ainsi que doivent être évités les abus et les excès de concurrence qui se traduisent essentiellement par le recours à des actes déloyaux, des pratiques restrictives de concurrence, des manœuvre de concentration d'entreprises susceptibles de fausser la concurrence et des actes anticoncurrentiels, dont il sera abondamment question dans les chapitres qui suivent. La loi insiste, notamment, sur le fait que l'exercice de la liberté de la concurrence ne doit pas porter atteinte ni à la protection de la propriété industrielle et intellectuelle, ni aux droits légitimes des tiers.

Il existe cependant des atteintes justifiées à la liberté de la concurrence. Certaines de ces atteintes peuvent être imputables aux acteurs économiques (1°), tandis que d'autres sont imputables aux pouvoirs publics (2°).

1°) Atteintes justifiées à la liberté de la concurrence imputables aux acteurs économiques

La liberté de la concurrence peut être limitée ou supprimée du fait des acteurs économiques par des pratiques normalement interdites, mais justifiées pour des raisons économiques ou juridiques. En effet, les acteurs économiques peuvent, en premier lieu, conclure des accords ou ententes qui, sans supprimer totalement la concurrence, peuvent la limiter (a). Ensuite, la concurrence peut être supprimée temporairement à la suite d'un monopole d'exploitation dont bénéficie un acteur économique qui sollicite et obtient la reconnaissance d'un droit de propriété intellectuelle (b). Enfin, certaines clauses restrictives de concurrence peuvent, sous certaines conditions, être admises (c).

a) Licéité de certaines ententes limitant la concurrence

Certains accords entre entreprises peuvent, quoique limitant la concurrence sur le marché, être tolérés s'ils contribuent au progrès social, notamment en renforçant la compétitivité internationale des entreprises nationales, sans nuire aux intérêts des consommateurs et sans supprimer totalement la concurrence sur le marché. C'est ainsi que la loi interdit les ententes anticoncurrentielles, sous-entendant par là-même que certaines ententes peuvent ne pas être anticoncurrentielles et sont, dès lors, licites. A ce propos, l'article 31 de la Loi-organique n° 18-020 du 9 juillet 2018 relative à la liberté des prix et à la concurrence souligne que les ententes dont les auteurs justifient qu'elles ont pour effet de garantir le progrès économique, la création et le maintien de l'emploi peuvent être autorisées préalablement par la Commission de la concurrence dans les conditions déterminées par Décret du Premier ministre délibéré en Conseil des ministres. Il ajoute que les atteintes imposées à la concurrence par ces types d'accord sont valables pour autant qu'elles soient nécessaires au progrès économique et qu'une partie substantielle de leur résultat soit équitablement répartie entre les intervenants.

La licéité des ententes n'est pas automatique ; elle est liée à un avis favorable et préalable donné par la Commission de la concurrence qui autorise l'exécution des ententes concernées.

b) Exploitation des droits de propriété intellectuelle[58]

La propriété intellectuelle comprend deux principaux secteurs : la propriété littéraire et artistique, d'une part, et la propriété industrielle, d'autre part.

La première traite des droits d'auteurs et des droits voisins, et est régie en RD Congo par l'ordonnance-loi n° 86-033 du 5 avril 1986 portant protection des droits d'auteurs et des droits voisins. Elle vise la protection des droits sur toutes les œuvres de l'esprit, quels qu'en

---

[58] Cette question est examinée en détails dans le cadre du cours de droit de propriété intellectuelle. Lire notamment KUMBU ki NGIMBI, Jean-Michel, *Droit de la propriété intellectuelle*, Kinshasa, Editions de l'Institut Africain des Droits de l'Homme et de la Démocratie (I.A.D.H.D.), 2020.

soient le genre, la forme d'expression, le mérite ou la destination[59]. L'article 1er de cette ordonnance-loi dispose que « l'auteur d'une œuvre de l'esprit jouit sur cette œuvre, du seul fait de sa création, d'un droit de propriété incorporelle exclusif et opposable à tous ». Et selon son article 2, « l'œuvre est réputée créée, indépendamment de toute divulgation publique, du seul fait de la réalisation, même inachevée, de la conception de l'auteur ».

La seconde porte sur les dispositions réglementant les conditions et modalités d'octroi et d'enregistrement des œuvres pouvant faire l'objet d'un titre de propriété industriel appelé, selon le cas, brevet ou certificat d'enregistrement[60] ; de l'exercice de droits et obligations afférents à l'usage de ces œuvres ; de la répression de la concurrence déloyale. La propriété industrielle est régie par la loi n° 82-001 du 7 janvier 1982 sur la propriété industrielle. Les titres de propriété industrielle que cette loi institue confèrent aux auteurs des œuvres protégées et à leurs ayants droit d'importantes prérogatives, notamment le droit exclusif d'exploitation, d'importation, de vente, etc. dans les conditions définies par la loi. « L'aspect important est que la propriété industrielle porte généralement sur des signes transmettant des informations, notamment aux consommateurs, sur les produits et services proposés sur le marché. La protection vise à lutter contre l'utilisation non autorisée de ces signes pouvant induire les consommateurs en erreur et les pratiques trompeuses en général »[61].

---

[59] Art. 4 de l'ordonnance-loi n° 86-033 du 5 avril 1986 portant protection des droits d'auteurs et des droits voisins.

[60] Voir art. 1 et 2 de la loi n° 82-001 du 7 janvier 1982 sur la propriété industrielle. Il s'agit des inventions, des dessins et modèles industriels, des signes distinctifs, des dénominations commerciales et géographiques ainsi que des enseignes. En ce qui concerne les découvertes, elles peuvent faire l'objet d'un titre appelé certificat d'encouragement. Selon l'article 13 de la loi précitée, il y a découverte lorsque, par une activité non inventive, l'on aboutit au constat de l'existence d'un objet déjà existant mais dont l'exploitation n'a jamais été rendue publique, à l'exclusion toutefois des découvertes scientifiques au sens du Traité de Genève sur l'enregistrement international des découvertes scientifiques. La découverte s'oppose à l'invention qui, elle, est considérée comme résultant d'une activité inventive, ou encore qui, au dire d'expert, ne découle pas de manière évidente, de l'état de la technique, soit dans le moyen, l'application, la combinaison des moyens ou le produit qui en fait l'objet, soit dans le résultat qu'elle procure (art. 9 de la même loi).

[61] Organisation mondiale de la propriété intellectuelle, *Comprendre la propriété industrielle*, Publication de l'OMPI n° 895 (F), p. 5.

Pour le Professeur Roger Masamba, les règles relatives à la propriété industrielle « sont utiles pour assurer la promotion et la récompense des efforts de l'auteur d'une œuvre, tout en sauvegardant les intérêts de la collectivité qui doit pouvoir prendre part aux résultats découlant de ces efforts et permettre à d'autres personnes de s'en servir pour favoriser le progrès à leur tour »[62]. Ce souci de récompenser l'effort de recherche amène donc à reconnaître au titulaire du droit le monopole de l'exploitation de son œuvre protégée. Ce qui emporte, par conséquent, une interdiction de concurrence, mais pourvu que cette interdiction soit limitée dans le temps et dans l'espace. Patrice Reis parle d'une interdiction de concurrence précaire, parce que temporaire et limitée dans l'espace[63]. C'est le cas, par exemple de la protection de l'invention par le biais du brevet qui confère à son titulaire, auteur d'une invention, un droit exclusif d'exploitation temporaire de ladite invention sous les conditions et dans les limites fixées par la loi[64]. Le droit ainsi conféré à l'inventeur lui permet d'empêcher toute autre personne d'exploiter son invention à des fins commerciales pendant une durée déterminée par la loi[65], et constitue, pour les particuliers, une mesure d'incitation qui leur permet d'obtenir une reconnaissance de leur créativité et une récompense matérielle de leurs inventions commercialisables. Cette mesure d'incitation encourage l'innovation qui, à son tour, contribue à l'amélioration constante de la qualité de vie des personnes[66]. Mais, comme on l'a

---

[62] MASAMBA MAKELA, Roger, *Droit des affaires. Cadre juridique de la vie des affaires au Zaïre*, Kinshasa, Cadicec ; Bruxelles, De Boeck, 1996, p. 167.

[63] REIS, Patrice, *Concurrence entravée et concurrence excessive : Liberté d'accès au marché et le développement durable*, Droit, Université Nice Sophia Antipolis, 2008, p. 15.

[64] Art. 4 de la loi n° 82-001 du 7 janvier 1982 sur la propriété industrielle.

[65] Les brevets d'invention sont accordés pour vingt ans à dater du jour du dépôt de la demande. Ce terme est ramené à quinze ans pour les brevets d'invention portant sur les médicaments. Les brevets d'importation et de perfectionnement prennent fin en même temps que le brevet principal auquel ils sont rattachés. A l'issue de ces termes, la protection prend fin, et l'invention tombe dans le domaine public. « Le titulaire ne détient plus de droits exclusifs sur l'invention qui devient alors accessible aux tiers à des fins d'exploitation commerciale » (Organisation mondiale de la protection intellectuelle, *Comprendre la propriété industrielle*, précité, p. 8.).

[66] Organisation mondiale de la protection intellectuelle, Comprendre la propriété industrielle, op. cit., p. 6. Hanns Ullrich a raison d'affirmer qu'en réalité « le droit exclusif est accordé au titulaire pour lui permettre d'agir efficacement dans la concurrence en saisissant, voire en « s'appropriant » les opportunités de bénéfices offertes sur le marché. Ce sont ces opportunités qui constituent l'incitation à

déjà souligné, le système de brevet est conçu de façon à établir un équilibre entre les intérêts des inventeurs et ceux du public. En effet, en contrepartie de ce droit exclusif d'exploitation, l'inventeur doit divulguer l'invention brevetée au public de manière appropriée, afin que d'autres personnes puissent acquérir ce nouveau savoir, puis améliorer la technologie. La divulgation de l'invention constitue donc un élément essentiel de toute procédure d'obtention d'un brevet[67].

L'atteinte à un monopole résultant d'un droit de propriété intellectuelle constitue un acte de *contrefaçon*.

c) Acceptation conditionnelle des clauses de non-concurrence

En principe, la liberté du commerce et de l'industrie ne tolère pas la clause par laquelle une personne s'engagerait envers une autre à ne pas exercer une activité déterminée qui ferait concurrence à cette dernière. Une telle convention serait frappée d'une nullité absolue, d'ordre public. Cependant, il faut reconnaître que, quoique transgressant le sacrosaint principe de la liberté du commerce et de l'industrie, ces clauses sont parfois utiles dans la mesure où elles facilitent la conclusion des contrats dans lesquels elles sont insérées. Il va de soi, par exemple, qu'aucun commerçant n'acceptera d'acheter un fonds de commerce s'il sait que son vendeur va continuer son activité et va lui faire une concurrence d'autant plus redoutable que la clientèle lui reste attachée. C'est ainsi que de telles clauses sont licites dans certains cas et sous des conditions précises[68]. Bien plus, « la pratique des clauses de non-concurrence est aujourd'hui largement développée dans les affaires. On trouve de manière habituelle des clauses de non-concurrence dans les contrats de travail, de vente ou la location de fonds de commerce, les contrats de franchise et les cessions de

---

l'innovation, et non pas le droit exclusif, lequel, en soi, est sans valeur. Il ne représente qu'un moyen de capter les profits qu'offre le marché, et ceci, bien sûr, uniquement dans les limites résultant de la concurrence qui y règne. C'est là tout le sens de l'autonomie dont doit jouir le titulaire de droit » ULLRICH, Hanns, « Propriété intellectuelle, concurrence et régulation – limite de protection et limite de contrôle », in *Revue internationale de droit économique*, 2009/4 (t. XXIII, 4), p. 409.

[67] Organisation mondiale de la protection intellectuelle, *Comprendre la propriété industrielle*, précité, p. 6.

[68] Lire à ce sujet BLAISE, Jean-Bernard et DESGORCES, Richard, *op. cit.*, pp. 240 ss.

contrôle d'entreprises »[69]. Elles sont essentielles à la protection du savoir-faire et de l'achalandage propre à une entreprise ; et on peut même constater que « sans une telle protection, une société devient vulnérable, par exemple lors de la vente de ses éléments d'actifs ou encore lors du départ d'un employé clé ayant accès à des informations confidentielles »[70].

Si une personne tenue de ne pas exercer une activité par l'application d'une clause de non-concurrence licite transgresse cette obligation, on tombe dans l'hypothèse d'une *concurrence anticontractuelle*.

La Loi organique n° 18-020 du 9 juillet 2018 relative à la liberté des prix et à la concurrence ne consacre aucune disposition à la question des clauses ou des conventions de non-concurrence, mais nous trouvons une illustration topique de l'acceptation, sous conditions, de ce genre de clauses dans la Loi n°15/2002 du 16 octobre 2002 portant code du travail tel que modifié et complété par la loi n° 16/010 du 15 juillet 2016. Il est certes vrai que l'article 53 de cette loi prévoit, dans son premier alinéa, la nullité des clauses de non-concurrence, puisqu'il est ainsi conçu : « est nulle de plein droit la clause interdisant au travailleur après la fin du contrat, d'exploiter une entreprise personnelle, de s'associer en vue de l'exploitation d'une entreprise ou de s'engager chez d'autres employeurs ». En d'autres termes, le travailleur reprend sa liberté de travail, d'entreprendre et de concurrence. Mais le législateur prévoit, dans le deuxième alinéa du même article, la licéité de la clause de non concurrence dans certains cas bien déterminés. « Néanmoins, dit-il, lorsque le contrat a été résilié à la suite d'une faute lourde du travailleur ou lorsque celui-ci y a mis fin sans qu'il y ait faute lourde de l'employeur, la clause sort ses effets pour autant que le travailleur ait de la clientèle ou des secrets d'affaires de son employeur une connaissance telle qu'il puisse lui nuire gravement, que l'interdiction se rapporte aux activités que le travailleur exerçait chez l'employeur, que sa durée ne dépasse pas un an à compter de la fin du contrat ». Ainsi, on peut dire que, dans le

[69] Règles de concurrence et loyauté dans les relations d'affaires. Recommandations pratiques, Ets J. Soufflet, Direction juridique, Programme de conformité au droit de la concurrence, Février 2017, p. 34.

[70] NEPVEU, Brigitte, GHORAYEB, Gretta et THERIAULT-LACHANCE, Geneviève, « La portée des clauses de non-concurrence: une notion en constante évolution ? », in *Les Cahiers de propriété intellectuelle,* Vol. 28, no 2, 2016, p. 533.

cadre du contrat de travail, la clause de non-concurrence est licite dans les cas suivants : 1) résiliation du contrat à la suite d'une faute lourde du travailleur ; 2) démission du salarié en l'absence d'une faute lourde de l'employeur ; 3) activités spéciales du travailleur lui permettant de divulguer des secrets de fabrication ou d'exercer une activité concurrente. Mais il faut dire que même au cas où les conditions ci-dessus venaient à se réaliser, la clause de non-concurrence est limitée dans le temps (un an à partir de l'extinction du contrat) et aux seules activités que le travailleur exerçait chez l'employeur. Le travailleur ne peut être privé définitivement du droit d'exercer une activité conforme à sa formation professionnelle ou à ses aspirations.

2°) Atteintes justifiées à la liberté de la concurrence imputables aux pouvoirs publics

Les monopoles légaux constituent des exemples types d'atteintes justifiées à la liberté de la concurrence imputables aux pouvoirs publics (a). Il en existe beaucoup d'autres, mais nous allons spécialement nous intéresser aux limitations prévues par la législation congolaise au sujet des étrangers et des sociétés étrangères (b).

a) Monopoles légaux

Le législateur peut parfois supprimer la concurrence dans certains secteurs des activités économiques en accordant des monopoles d'exploitation à l'Etat. Il le fait pour des secteurs qui ont une portée générale et un impact direct sur l'intérêt général. C'est le cas des secteurs nationaux à caractère stratégique, sensible (mines, énergie, communications) et parfois des secteurs économiquement peu rentables ou à rentabilité éloignée, et par conséquent évités par les privées, mais d'intérêt vital pour la collectivité (eau, électricité, assurances)[71]. Cependant la tendance actuelle est de supprimer ces monopoles et d'encourager l'initiative privée. Cette tendance se confirme en République démocratique du Congo avec la réforme des entreprises publiques engagée depuis 2008 et la série des lois adoptées à cette fin, en particulier la Loi n° 08/008 du 07 juillet 2008 portant dispositions générales relatives au désengagement de l'Etat des

---

[71] MASAMBA MAKELA, Roger, *Droit économique congolais*, Kinshasa, Editions Droit et idées nouvelles ; Louvain-la-Neuve, Bruylant-Academia, 2006, p. 66.

entreprises du portefeuille, et la libéralisation progressive des secteurs jadis sous monopole de l'Etat (tel est le cas de la libéralisation du secteur des assurances). Les monopoles relèvent du domaine de la *concurrence illicite*[72].

La concurrence peut aussi être limitée légalement pour diverses raisons, sans être totalement supprimée. C'est ainsi, par exemple, qu'en raison de leur caractère spécifique, l'exercice de certaines activités est soumis à un contrôle ou à des autorisations administratives. A titre d'exemple, l'exercice de la pharmacie suppose la détention d'un diplôme et requiert l'autorisation des autorités compétentes.

b) Restrictions de concurrence spécifiques aux étrangers et aux sociétés étrangères

Nous estimons utile de préciser la notion de société étrangère (b1) avant d'analyser les règles limitant la concurrence pour les étrangers et les sociétés étrangères (b2), et celles qui suppriment la concurrence pour ces catégories d'acteurs économiques (b3).

b1) Société étrangère : quid ?

Généralement, pour déterminer la nationalité d'une société, on retient soit le critère du siège social, soit celui du contrôle. Selon le critère du siège social, la société a la nationalité du pays où se situe son siège social. Ainsi, toutes les sociétés dont le siège social se situe en République démocratique du Congo ont, d'après ce critère, la nationalité congolaise. Si le siège statutaire est fictif, on cherche le siège réel. Le critère du contrôle veut, quant à lui, que la société dont la majorité des capitaux est détenue par des étrangers ou celle dont les associés ou les dirigeants sociaux sont majoritairement des étrangers soit considérée comme une société étrangère, parce qu'elle est

[72] La concurrence illicite, nous dit Nicolas Dorandeu, est « celle qui est définie par les lois et règlements qui établissent des monopoles ou des exclusivités, ou qui fixent les conditions statutaires de l'exercice d'une profession » (DORANDEU, Nicolas, *op. cit.*, p. 31). Il ajoute que la concurrence illicite et la concurrence anticontractuelle constituent deux hypothèses de la concurrence interdite, c'est-à-dire, des hypothèses « où l'activité concurrentielle fait l'objet de restrictions formelles, résultant de la loi ou d'un contrat ».

« contrôlée » par des étrangers. En revanche, elle a la nationalité du pays où se trouve son siège social si elle est contrôlée par des nationaux. Dans ce sens, le changement de nationalité serait consécutif soit au transfert du siège social dans un autre Etat (critère du siège social), soit à une modification du contrôle de la société (critère du contrôle). La première hypothèse nécessite, en principe, une convention sur la reconnaissance mutuelle des personnes morales. En l'absence d'une telle convention, beaucoup considèrent que la société doit se dissoudre pour se reconstituer dans l'autre Etat en respectant les règles en vigueur dans cet Etat[73].

En dehors de ces deux principaux critères, il existe aussi, singulièrement dans les pays anglo-saxons, le critère de l'incorporation, en vertu duquel la société a la nationalité du pays où elle a été enregistrée même si son siège social est ailleurs[74]. Un autre critère, difficile d'application, a parfois été utilisé ; c'est celui du centre d'exploitation. Son utilisation n'est pas aisée surtout si la société possède plusieurs sites d'exploitation d'importance égale.

Le droit de l'Ohada, qui est en vigueur en République démocratique du Congo, ne fait pas une allusion expresse à la nationalité des sociétés. L'Acte uniforme relatif au droit des sociétés commerciales et du groupement d'intérêt économique ne contient aucune indication précise quant à la reconnaissance et aux critères d'attribution de la nationalité à la société. Il se contente de disposer que toute société commerciale, y compris celle dans laquelle un Etat ou une personne morale de droit public est associé, dont le siège social est situé sur le territoire de l'un des Etats parties au Traité relatif à l'Ohada est soumise aux dispositions du présent acte. En fait, ces dispositions concernent la loi applicable à la société, et non sa nationalité. Mais, Denis Pohe Tokpa nous rappelle que « c'est à partir des termes identiques que la jurisprudence française a décidé que la nationalité d'une société est déterminée par son siège social [...] »[75]. Si on suit ce

---

[73] Not. MBAYE, Mayatta Ndiaye, « Le transfert intracommunautaire de siège social dans l'espace Ohada », in *Penant*, n° 857, octobre-décembre 2006, p. 416 ; MASAMBA MAKELA, Roger, *Droit des affaires*, précité, pp. 234-235.

[74] DIEYE, Alioune, *Régime juridique des sociétés commerciales et du GIE dans l'espace Ohada (Acte uniforme sur le droit des sociétés commerciales et du GIE (AUSCGIE) révisé en 2014)*, Cabinet Aziz Dieye, quatrième édition, 2014, p. 51.

[75] POHE TOKPA, Denis, « Personnalité morale des sociétés », in POUGOUE, Paul-Gérard (dir.), *Encyclopédie du droit OHADA*, Lamy, 2011, p. 1358.

raisonnement et qu'on s'appuie sur cette jurisprudence, on pourrait en déduire que le droit de l'Ohada retient le siège social comme critère de la nationalité de la société. Tout cela reste, toutefois, à préciser même si certains auteurs considèrent comme acquis le critère du siège social[76], et, de lege ferenda, le législateur communautaire devrait fournir un critère précis, applicable dans tous les Etats parties. Il en va de l'harmonisation des législations souhaitée dans l'espace Ohada. Il en va aussi de la sécurisation des opérateurs économiques qui ne devraient pas se voir appliquer des critères différents selon les Etats, ou même au gré des circonstances au sein d'un même Etat.

Pour la République démocratique du Congo, par exemple, ce devoir de clarification est d'autant plus impérieux que la législation congolaise n'a pas, elle non plus, défini un critère précis et fixe d'attribution de la nationalité aux sociétés. Elle oscille entre plusieurs critères qui varient selon les textes en présence. A titre d'exemple, l'ordonnance-loi n° 66-260 du 21 avril 1966 subordonnant à des garanties financières l'immatriculation au registre du commerce des étrangers, des sociétés étrangères et de certaines sociétés congolaises, retient à son article 1er, point C, le critère du siège social (on entend par sociétés congolaises : les sociétés qui ont leur siège social au Congo). Mais le même texte recourt aussi accessoirement aux critères du contrôle, puisqu'il assimile aux sociétés étrangères, les sociétés en nom collectif et les sociétés en commandite simple dont les associés solidaires ou commandités sont en totalité ou en majorité des étrangers, les sociétés privées à responsabilité limitée et les sociétés coopératives dont le capital appartient en totalité ou en majorité à des étrangers, ainsi que les sociétés par actions à responsabilité limitée dont les administrateurs sont en totalité ou en majorité des étrangers. Dans les hypothèses inverses, on a donc des sociétés congolaises. Par contre, la loi n° 73-009 du 5 janvier 1973 particulière sur le commerce, met en exergue le critère du contrôle : « aux termes de la

---

[76] Not. DIEYE, Alioune, *op. cit.*, p. 51. En parlant du critère du siège social réel, il affirme que "cette solution est confirmée par l'article 1er de l'Acte uniforme qui, il est vrai, n'emploie pas le terme même de « nationalité » ». Dans le même sens, ANOUKAHA, François et alii, *OHADA. Sociétés commerciales et GIE*, Bruylant, Juriscope, 2002, p. 138 ; POUGOUE, Paul-Gérard, ANOUKAHA, François, et NGUEBOU TOUKAM, Josette, *Le droit des sociétés commerciales et du groupement d'intérêt économique Ohada*, Yaoundé, Presses universitaires d'Afrique, 1998, pp. 59-60.

présente loi, sont (congolaises) [...] les sociétés de droit (congolais) dont le capital appartient en totalité aux (Congolais) ». A côté de ces deux textes principaux existent d'autres textes disparates qui viennent en quelque sorte brouiller les cartes et créer, autour de cette question, une espèce de cacophonie législative qui, aux yeux de beaucoup, postule une « harmonisation des textes »[77].

b2) Règles limitant la concurrence pour les étrangers et les sociétés étrangères

Précisons que pendant toute l'époque de l'Etat Indépendant du Congo, de la colonisation belge, et même quelques années après l'indépendance, les étrangers, personnes physiques ou morales, n'ont pas fait l'objet de dispositions légales ou réglementaires particulières en ce qui concerne leur accès aux activités économiques et commerciales, et ce, en vertu du principe de l'égalité de traitement, de la non-discrimination, qui avait été consacré par l'Acte Général de Berlin du 26 février 1885 et repris par la Convention de Saint-Germain-en-Laye du 5 juillet 1920. En d'autres mots, les étrangers étaient soumis, pendant tout ce temps, au même statut que les Belges et les Congolais.

La situation va connaître une profonde mutation à partir de l'année 1966, avec la montée du nationalisme dans les préoccupations des autorités politiques congolaises. « L'indépendance économique était au centre des objectifs de la politique économique. Le pouvoir estimait à cet égard que *"l'indépendance économique implique une détention toujours accrue du capital et des moyens de production par les nationaux"*. Aussi le gouvernement s'était-il investi à *favoriser l'éclosion de l'initiative privée nationale* et à organiser "la formation et le perfectionnement des industriels, commerçants et exploitants agricoles congolais". Dans cet ordre d'idées, une série de lois virent le jour en 1973 en vue de *stimuler l'esprit des affaires chez les Congolais et de sauvegarder en même temps notre indépendance économique* [...] »[78].

---

[77] Not. ABDOU ASSANE, Zeinabou, « La nationalité des sociétés dans les pays de l'espace OHADA : les cas du Niger, du Sénégal et de la RD Congo », in *Revue CAMES/SJP*, n°001/2016, p. 5 ; MASAMBA MAKELA, Roger, *Droit des affaires*, précité, p. 237.
[78] MASAMBA MAKELA, Roger, *Droit économique congolais*, précité, p. 77.

Selon l'exposé des motifs de la loi n° 73-010 du 5 janvier 1973 instituant un régime d'agrément des PME congolaises[79], ces lois visaient également à susciter parmi les entrepreneurs congolais un désir d'expansion, en leur accordant une aide efficace tant dans les domaines financier et fiscal, que dans celui de l'assistance technique et administrative.

C'est dans ce contexte que la loi n° 73-009 du 5 janvier 1973 particulière sur le commerce, telle que modifiée par celle n° 74/014 du 10 juillet 1974, va réserver aux nationaux l'exercice du commerce d'importation, d'exportation, de transit, de gros, de demi-gros, de détail et des services réputés commerciaux par la loi. Les étrangers peuvent néanmoins entreprendre ces activités moyennant autorisation expresse du Président de la République. Le monopole ainsi accordé aux nationaux dans ces secteurs n'est donc pas absolu.

L'octroi de l'autorisation présidentielle s'accompagne du paiement d'une taxe, et cette autorisation qui est valable pour une année doit être renouvelée moyennant paiement de la taxe indiquée au plus tard le 31 mars de chaque année. Sont cependant dispensés du paiement de cette taxe, les étrangers, les sociétés étrangères et les sociétés congolaises visées qui sont agréés au code des investissements. Cette exemption concerne également ceux qui exercent une activité agricole ou d'élevage. Il en est de même pour ceux qui entreprennent des activités de transport, d'hôtellerie ou de restauration qui ne rentrent pas dans la catégorie du petit commerce. C'est enfin le cas aussi pour ceux qui se livrent à des activités de transformation, d'usinage, de construction ou de génie civil, pour autant que la valeur des immobilisations affectées à l'exploitation des entreprises ne soit pas inférieure à un montant déterminé par la loi.

Signalons aussi qu'à un moment, la liberté d'établissement des étrangers avait été limitée par la Loi n° 86-007 du 27 décembre 1986 qui avait établi un régime spécifique pour la circulation des étrangers dans les zones minières. Ce régime consacrait une classification de certaines régions géographiques de la République en zones minières énumérées à l'article 1er de ladite loi. Le principe était celui de l'interdiction de la circulation des étrangers dans les régions classées «

[79] Journal officiel du Zaïre, n° 5 du 1er mars 1973, p. 285. Cette loi a déjà été abrogée.

zones minières », conformément à l'article 2 de la même loi. Mais la libéralisation du secteur minier aux termes du Code minier promulgué le 11 juillet 2002 prévoit l'ouverture du secteur et ce, sur toute l'étendue de la République, à tous les opérateurs économiques : nationaux et étrangers. Du coup, la classification des zones minières ne cadre plus avec la « ratio legis » du Code minier, qui fait de l'ensemble de la République une zone minière. Aussi cette loi a-t-elle dû être abrogée par la Loi n° 08/001 du 26 mars 2008 portant abrogation de la Loi n° 86-007 du 27 décembre 1986 sur le séjour et la circulation des étrangers dans les zones minières.

b3) Règles supprimant la concurrence pour les étrangers et les sociétés étrangères

Le législateur congolais exclut totalement les étrangers, les sociétés étrangères et les sociétés congolaises sous contrôle des étrangers de l'exercice du petit commerce (b3.1) et de l'exploitation artisanale des matières précieuses (b3.2).

b3.1) Petit commerce

Au sens de l'ordonnance-loi n° 90-046 portant réglementation du petit commerce[80], on entend par petit commerce, le commerce effectué par

---

[80] Cette ordonnance-loi, qui a remplacé celle n° 79-021 du 2 août 1979 portant règlementation du petit commerce, a l'avantage de se baser sur le chiffre d'affaires pour définir le petit commerce. Malheureusement, non seulement le montant défini comme plafond du petit commerce s'est gravement déprécié avec le temps, mais il est aussi fixé dans une monnaie qui aujourd'hui n'a plus cours légal. Il existe, en matière fiscale, des textes répartissant les catégories des contribuables selon le critère du chiffre d'affaires. Le dernier en date est l'ordonnance-loi n° 003/2012 du 21 septembre 2012 portant régime fiscal applicable aux entreprises de petite taille en matière d'impôt sur les bénéfices et profits distingue deux catégories d'entreprises de petite taille : la micro-entreprise, qui est toute entreprise qui réalise un chiffre d'affaires annuel ne dépassant pas 10.000.000 FC et la petite entreprise, qui est celle qui réalise un chiffre d'affaires annuel supérieur à 10.000.000 FC et inférieur à 80.000.000 FC. On devrait peut-être s'inspirer de ce texte pour fixer le plafond du petit commerce à 10.000.000 FC de chiffre d'affaires annuel comme pour la micro-entreprise (Pour plus d'amples détails sur cette question, voir KUMBU ki NGIMBI, Jean-Michel, *Législation en matière économique*, précité, pp. 36-40).
Par ailleurs, l'Acte uniforme portant sur le droit commercial général révisé a introduit la notion d'entreprenant. Il résulte de l'article 30, alinéa 1er dudit acte, que « l'entreprenant est un entrepreneur individuel, personne physique qui, sur simple déclaration [...] exerce une activité professionnelle civile, commerciale, artisanale ou

la vente des marchandises en petites quantités et dont la valeur globale mensuelle n'excède pas quatre cent mille zaïres. Sont assimilées au petit commerce et soumises aux dispositions de l'ordonnance-loi, les entreprises artisanales dont le chiffre d'affaires mensuel ne dépasse pas quatre cent mille zaïres ainsi que les prestations de services dans la mesure où le chiffre d'affaires mensuel n'est pas supérieur à deux cent mille zaïres. Ce type de commerce est exclusivement réservé aux personnes physiques de nationalité congolaise.

b3.2) Exploitation artisanale des matières précieuses

Selon l'article 26 de la loi n° 007/2002 du 11 juillet 2002 portant code minier, telle que modifiée et complétée par la loi n° 18/001 du 09 mars 2018, « [...] seules les personnes physiques majeures de nationalité congolaise détentrices des cartes d'exploitant artisanal et affiliées aux coopératives minières ou des produits de carrières agréées sont éligibles à l'exploitation artisanale.[...] seules les personnes physiques majeures de nationalité congolaise peuvent acquérir et détenir les cartes de négociant ». La loi entend par exploitation artisanale, toute activité par laquelle un exploitant artisanal, se livre, dans une zone d'exploitation artisanale à l'extraction et à la concentration des substances minérales en utilisant des outils, des méthodes et des procédés non industriels. La zone d'exploitation artisanale représente une aire géographique délimitée en surface et en profondeur par le ministre ayant les mines dans ses attributions. Tandis que la carte de négociant est un titre qui autorise la personne au nom de laquelle il est établi de se livrer aux opérations d'achat des substances minérales provenant de l'exploitation artisanale auprès des coopératives minières agréées et de les revendre aux comptoirs agréés et aux entités de traitement.

---

agricole ». Si l'on combine l'alinéa 2 de l'article 30 de l'Acte uniforme portant sur le droit commercial général et l'article 13 de l'Acte uniforme relatif au droit comptable et à l'information financière, on peut affirmer que l'entreprenant est un entrepreneur individuel, personne physique dont le chiffre d'affaires hors taxes annuel est inférieur à : soixante millions de francs CFA ou l'équivalent dans l'unité monétaire ayant cours légal dans l'Etat partie s'il exerce une activité de négoce ; quarante millions de francs CFA ou l'équivalent dans l'unité monétaire ayant cours légal dans l'Etat partie s'il exerce une activité artisanale ou assimilée ; trente millions de francs CFA ou l'équivalent dans l'unité monétaire ayant cours légal dans l'Etat partie s'il exerce une activité de service.

Chapitre 2. Protection des concurrents

Dans le cadre de la relation individuelle de concurrence, chaque acteur économique doit être protégé contre les actes illicites de ses concurrents. Deux séries de règles permettent de réaliser cet objectif, à savoir celles qui interdisent d'une part la concurrence déloyale (section 1) et, d'autre part, le recours aux pratiques restrictives de concurrence (section 2).

Section 1. Prohibition de la concurrence déloyale

Linda Arcelin-Lécuyer nous rappelle opportunément que « la théorie de la concurrence déloyale puise sa source dans le principe de la liberté de concurrence »[81]. En vertu de ce principe, chaque acteur économique est libre de faire concurrence à d'autres et, au besoin, de détourner à son profit tout ou partie de leur clientèle (sauf, bien entendu, clause de non-concurrence valable). En effet, aucune entreprise ne peut revendiquer un droit privatif sur la clientèle ; celle-ci appartient en réalité à celui qui sait l'attirer et la conserver. Il lui suffit, pour cela, soit de pratiquer des prix inférieurs à ceux des concurrents mais dans le strict respect de la réglementation des prix qui interdit notamment les prix prédateurs, soit de proposer des produits ou des services de meilleure qualité que ceux proposés par les concurrents, ou encore des produits ou services nouveaux ou plus performants.

Un préjudice sera sans doute subi par l'entreprise qui aura perdu sa clientèle à la suite de la présence d'un concurrent plus habile et diligent. Cependant, on ne peut invoquer dans ce cas la réparation sur pied de l'article 258 du code civil, livre 3, car un simple démarchage de la clientèle d'un concurrent ne constitue pas un fait répréhensible en soi. « On ne saurait [...] reprocher à une entreprise de capter la clientèle de ses concurrents, y compris en entraînant leur ruine »[82], car, la liberté du commerce et de l'industrie et la liberté de la concurrence qu'elle implique habilitent, par nature même, tout agent économique à chercher à augmenter ses parts du marché en tentant d'attirer vers lui la clientèle de ses concurrents. C'est le principe de la

[81] ARCELIN-LECUYER, Linda, *op. cit.*, p. 10.
[82] LEHUEDE, Pascal,, *op. cit.*, p. 193.

licéité du dommage concurrentiel : le dommage résultant de la concurrence est licite et ne donne pas lieu à réparation.

Cependant, le principe de la licéité du dommage concurrentiel n'est valable que si, pour détourner la clientèle de ses concurrents, l'entreprise n'a pas eu recours à des procédés malhonnêtes, incompatibles avec une certaine éthique des affaires, qui qualifient ce que l'on nomme la concurrence déloyale. En d'autres termes, en matière de concurrence, tous les moyens ne sont pas permis ; seuls sont admis, les moyens résultant de comportements honnêtes, loyaux. Le détournement de la clientèle d'un concurrent par des procédés déloyaux sera dès lors répréhensible. Ainsi, le dommage concurrentiel, « licite par principe lorsqu'il résulte du jeu normal de la concurrence, devient illicite et fait naître une créance en réparation dans le patrimoine de la victime lorsqu'il découle d'une concurrence dévoyée »[83]. On peut donc dire que seul un préjudice concurrentiel illicite peut justifier la mise en œuvre de la responsabilité concurrentielle d'un agent économique.

Les comportements des acteurs économiques doivent nécessairement être encadrés par l'autorité publique « afin de garantir le bon fonctionnement de l'économie de marché, ainsi que la loyauté des relations entretenues entre professionnels ou entre professionnels et consommateurs »[84]. Le fondement de cette intervention réside donc « dans le principe de la liberté du commerce et de l'industrie, comprenant le principe de la liberté de la concurrence, ou dans la recherche de la protection du consommateur considéré comme une partie faible dans le rapport de droit »[85].

L'ordonnance-loi 41-63 du 24 février 1950 portant sur la concurrence déloyale, qui constituait jusqu'en 2018 pratiquement le seul texte spécifique en matière de concurrence, était justement focalisé sur la répression de la concurrence déloyale tout en dressant une liste non exhaustive des actes devant être considérés comme contraires aux usages honnêtes en matière commerciale ou industrielle. Elle avait

---

[83] DORANDEU, Nicolas, *op. cit.*, p. 6.
[84] COUREAULT, Elisabeth, *La concurrence déloyale en droit international privé communautaire*, Thèse en vue de l'obtention du grade de Docteur en droit privé, Université Nancy 2, 17 décembre 2009, p. 7.
[85] *Ibidem.*

institué une action en cessation de tels actes. Cette action qui était à la fois préventive et répressive, et facile à mouvoir, accusait néanmoins une faiblesse majeure : elle ne pouvait être intentée que par le commerçant, le producteur, l'industriel ou l'artisan directement visé par l'acte répréhensible. Alors qu'il se trouve généralement être victime indirecte des actes de concurrence déloyale entre professionnels, le consommateur n'était pas admis à saisir le juge par l'action en cessation. Il en était de même pour les acteurs économiques autres que l'acteur visé directement par le procédé déloyal qui ne pouvaient pas utiliser l'action en cessation, alors même qu'ils pouvaient y avoir intérêt dans la mesure où les pratiques malhonnêtes d'un professionnel peuvent avoir des effets négatifs et perturbateurs sur l'ensemble de la profession concernée.

La Loi organique n° 18-020 du 9 juillet 2018 relative à la liberté des prix et à la concurrence considère, pour sa part, la concurrence déloyale comme le « recours aux procédés contraires à la loi et aux usages de commerce de nature à causer un préjudice ou simplement un trouble commercial aux concurrents »[86]. Elle retient comme constitutifs de la concurrence déloyale les actes ci-après : le dénigrement (§1), la désorganisation de l'entreprise rivale par des procédés commerciaux illégitimes (§2), l'utilisation illégitime de la réputation d'autrui (§3), la vente avec prime (§4), et la vente avec boule de neige (§5)[87].

§1. Dénigrement

Le dénigrement est un procédé qui vise à affaiblir et à déstabiliser le concurrent. La loi n'en donne aucune définition, mais il est couramment admis qu'il y a dénigrement lorsqu'un acteur

---

[86] Art. 5-3 de la Loi organique n° 18-020 du 9 juillet 2018 relative à la liberté des prix et à la concurrence.

[87] Art. 41 de la Loi organique n° 18-020 du 9 juillet 2018 relative à la liberté des prix et à la concurrence. On peut constater que la loi organique ne cite pas expressément la confusion, procédé que l'ordonnance-loi n° 41-63 du 24 février 1950 portant sur la concurrence déloyale reprenait sur sa liste non exhaustive d'actes de concurrence déloyale qui figure à son article 2. Toutefois, les éléments qui caractérisent la confusion se retrouvent notamment dans l'utilisation de la marque d'autrui à titre de promotion, qui est une des manifestations de la désorganisation de l'entreprise rivale par des procédés commerciaux illégitimes, et dans l'utilisation illégitime de la réputation d'autrui lorsqu'elle est basée sur l'imitation servile.

économique jette le discrédit sur un concurrent, ses produits ou ses services dans l'intention de nuire, par des appréciations négatives, même exactes.

Pour fragiliser son concurrent et espérer gagner, au détriment de ce dernier, des parts de marché, l'acteur économique déloyal adopte des comportements susceptibles de jeter le discrédit et de porter atteinte à l'image et la réputation de ce rival.

Avant d'analyser les conditions requises pour le dénigrement (B), il n'est pas inutile de présenter d'abord son objet (A). Nous examinerons ensuite le cas particulier de la publicité comparative (C).

A. Objet du dénigrement

Selon la loi congolaise, le dénigrement porte sur la personne du concurrent, les produits, les services ou sur l'entreprise elle-même. Il n'y a, dans ce sens, dénigrement que si le comportement déloyal vise un concurrent. Ce terme désigne l'acteur économique qui, sur un même marché[88], offre des biens ou des services identiques à ceux offerts par l'acteur économique fautif. En outre, le dénigrement ne constitue un acte déloyal que si le concurrent est identifié. Il n'est pas nécessaire qu'il soit nommément désigné ; il suffit qu'il soit aisément identifiable. Ainsi, lorsque les propos malveillants d'un acteur économique ont un caractère général et que l'on ne peut établir qu'ils visent tel ou tel rival déterminé, ils ne constituent pas un acte de dénigrement. Toutefois, l'hypothèse d'un dénigrement collectif peut être retenue si les procédés utilisés sont de nature à jeter un discrédit sur l'ensemble d'une profession ou sur un groupe de professionnels.

---

[88] La jurisprudence française définit le marché pertinent comme « le lieu sur lequel se confrontent l'offre et la demande de produits ou de services qui sont considérés par les acheteurs comme substituables entre eux mais non substituables aux autres biens ou services offerts (Paris 26 avr 1990, marché des pompes funèbres – Paris 17 juin 1992), repris dans LEHUEDE, Pascal,, *op. cit.*, p. 34. Au critère de la substituabilité des biens ou services, s'ajoute logiquement celui de la délimitation géographique du marché.

Les allégations dénigrantes peuvent porter soit sur la personne même du concurrent, soit sur les produits ou services qu'il propose ou encore sur son entreprise[89].

B. Conditions requises pour le dénigrement

L'analyse de l'article 42 de la Loi organique n° 18-020 du 9 juillet 2018 relative à la liberté des prix et à la concurrence permet de dégager deux conditions nécessaires pour qu'un procédé soit considéré comme dénigrant. Ces deux conditions viennent d'être évoquées à l'occasion de l'examen de l'objet du dénigrement, à savoir : l'existence d'un concurrent, et l'identification de ce dernier. En dehors de ces deux conditions prévues par la loi, la doctrine, spécialement celle française, s'appuyant sur la jurisprudence, énonce deux autres conditions essentielles :

- des propos explicitement ou implicitement péjoratifs de nature à décrédibiliser le concurrent de manière à capter la clientèle qu'il perdra à la suite du discrédit jeté sur lui, ou sur ses produits ou services, ou encore sur son entreprise. Ces propos peuvent se traduire par des critiques proférées verbalement, des lettres, des renseignements diffusés dans des journaux, des tracts, etc. Ils peuvent porter sur des informations fausses, inexactes ou même sur des informations vraies, exactes mais révélées dans l'intention de déstabiliser un rival. « Ce n'est pas le mensonge que l'on sanctionne, mais l'image que l'on transmet »[90]. L'*exceptio veritas*[91], que l'on

[89] Art. 42, al. 2 de la Loi organique n° 18-020 du 9 juillet 2018 relative à la liberté des prix et à la concurrence.

[90] BLAISE, Jean-Bernard et DESGORCES, Richard, *op. cit.*, p. 251.

[91] L'exceptio veritas ou exception de vérité est un concept juridique signifiant qu'une personne poursuivie pour diffamation pourrait échapper à une condamnation si elle prouve la véracité de ses allégations. En droit de la concurrence, ce concept ne s'applique pas en ce qui concerne le dénigrement. Celui-ci sera établi même si l'information révélée dans un message critique visant à entacher la réputation d'un concurrent est objectivement fondée. Le droit de la concurrence n'admet donc pas l'idée selon laquelle la divulgation d'une information exacte ne peut constituer un dénigrement fautif. Au contraire, « le juge saisi d'une action en concurrence déloyale fondée sur des actes de dénigrement ne doit pas s'interroger sur le caractère exact, ou non, des propos tenus mais doit se limiter à rechercher si l'allégation litigieuse n'était pas constitutive d'un dénigrement fautif, simplement parce qu'elle avait pour but de jeter le discrédit sur un concurrent. L'intention de nuire à une société concurrente se

rencontre pour la diffamation, est donc inopérant en matière de concurrence déloyale.

- La publicité, à laquelle on ajoute aussi une certaine gravité. Les propos tenus, revêtant une certaine gravité, doivent atteindre ou être destinées à atteindre un large public. Il a été jugé qu'une lettre critique diffusée seulement au sein d'un réseau de distributeurs et qui garde un caractère confidentiel ne constitue pas un dénigrement (Paris, 3 juillet 1991, D 92 Somm. 341, obs. Massis)[92].

Il semble légitime, et on y fait de plus en plus allusion, d'ajouter comme autre condition, la communauté de clientèle étant donné que l'enjeu du dénigrement est la captation de la clientèle d'un concurrent[93].

C. Cas de la publicité comparative

Ce procédé, qui consiste à comparer publiquement les vertus de ses produits ou services à celles des produits ou services offerts par un ou plusieurs concurrents nommément désignés, peut sans doute avoir le mérite d'informer les consommateurs si les informations livrées sont exactes et objectives, mais pose des problèmes quant à sa licéité. Faut-il l'admettre en comptant sur la prudence des consommateurs qui devront démêler le vrai du faux et ne pas se laisser induire en erreur par une comparaison trompeuse, ou doit-on l'interdire carrément au motif qu'il comporte nécessairement l'intention de tirer un avantage publicitaire sur le concurrent désigné dans la mesure où il laisse entendre implicitement que les performances de ce concurrent sont inférieures à celles de l'annonceur ? En somme, doit-on considérer qu'il y a dénigrement chaque fois qu'il est fait recours à ce procédé ?

Il est certain que la césure entre la publicité comparative et le dénigrement est très tenue, et le risque est grand qu'en voulant vanter ses produits ou services par rapport à ceux proposés par des concurrents, l'acteur économique tombe dans une attitude de dénigrement indirect. Il importe, sans l'exclure totalement puisqu'elle

---

présente ainsi comme le seul critère de la faute » (fr.wikipedia.org/wiki/exception de vérité en droit français de la diffamation …, consulté le 20 mai 2020).

[92] Cité par BOY, Laurence, *Droit de la concurrence approfondie*, 2006, p. 15.

[93] BOY, Laurence, *Droit de la concurrence approfondie*, précité, p. 12.

peut contribuer à la transparence du marché, de l'encadrer et d'en déterminer les conditions de licéité. En l'absence de dispositions légales ou réglementaires[94], il appartient aux juges de tracer les contours d'une publicité comparative tolérable à l'occasion des litiges qu'ils auront à trancher en cette matière.

§2. Désorganisation de l'entreprise rivale par des procédés commerciaux illégitimes

Plusieurs moyens malhonnêtes peuvent être utilisés par une entreprise, dans le cadre d'une concurrence dévoyée, pour désorganiser une entreprise rivale, c'est-à-dire pour « l'affaiblir en portant atteinte à ses moyens de production ou de commercialisation »[95]. Ces actes déloyaux « sont le plus souvent réalisés à l'aide de membres de l'organisation possédant une bonne connaissance du fonctionnement de la structure »[96]. La Loi organique n° 18-020 du 9 juillet 2018 relative à la liberté des prix et à la concurrence n'en dresse pas une liste exhaustive, mais énumère, en son article 43, à titre illustratif : la divulgation de secret de fabrication (A), l'atteinte au savoir-faire (B), le débauchage du personnel (C), le détournement des commandes (D), l'entrave à la publicité (E), la pratique des prix d'appel lorsque celle-ci s'accompagne de tromperie ou de dumping (F), le couponnage électronique (G), l'utilisation de la marque d'autrui à titre de promotion (H), la méconnaissance d'une convention d'exclusivité (I).

On doit admettre, avec Nicolas Dorandeu, qu'« il est impossible de dresser une liste close de ces agissements déloyaux tant il est vrai que l'imagination des concurrents est sans borne »[97].

---

[94] Ailleurs, la publicité comparative est réglementée. C'est le cas notamment en France (voir Loi du 18 janvier 1992, codifiée aux art. L-121 et suivants du code de la consommation, modifiés par l'ordonance du 23 août 2001).

[95] Art. 43 de la Loi organique n° 18-020 du 9 juillet 2018 relative à la liberté des prix et à la concurrence.

[96] TEXIER, Michel, *La désorganisation. Contribution à l'élaboration d'une théorie de la désorganisation en droit de l'entreprise*, Presses universitaires de Perpignan, 2006, p. 304.

[97] DORANDEU, Nicolas, *op. cit.*, p. 53.

A. Divulgation de secret de fabrication

Est concerné par le secret de fabrication, tout procédé industriel original, brevetable ou non[98], ayant un caractère secret et présentant un intérêt pratique ou commercial, et dont la divulgation non autorisée peut causer un préjudice à son détenteur légitime. Il s'agit de l'une des manifestations des secrets d'affaires qu'une entreprise concurrente peut avoir intérêt à soutirer en violation des dispositions légales ou contractuelles (clauses de confidentialité) qui le protègent. La spécificité du secret de fabrication par rapport aux autres secrets d'affaires est qu'il porte sur des informations d'ordre technique, alors que les autres secrets d'affaires concernent des informations d'ordre économique (par exemple, les études de marché), stratégique (par exemple le business plan ou le plan de rachat), commercial (par exemple les fichiers des clients), etc. Il peut, en un mot, être défini comme « tout moyen de fabrication qui offre un intérêt pratique ou commercial, et qui, mis en usage dans une industrie, est tenu caché au concurrent »[99].

La divulgation de secret de fabrication consiste donc, pour une personne au parfum d'un procédé secret de fabrication d'un industriel, et liée à ce dernier par un lien de subordination, à le révéler ou à tenter de le révéler à un rival du détenteur du procédé de manière illicite, c'est-à-dire sans le consentement du détenteur légitime. Ceci se réalise généralement dans le cadre du débauchage du personnel, une entreprise attirant alors vers elle le personnel d'un concurrent pour se faire livrer des informations sur les procédés secrets de celui-ci que le personnel débauché maîtrise. Il est vrai que le salarié à qui est communiqué le secret de fabrication pour sa mise en œuvre est déjà tenu au devoir de confidentialité en vertu de son obligation légale de loyauté à son employeur[100], mais il est plus indiqué de prévoir une clause de confidentialité expresse. Celle-ci comporte, en effet, un double intérêt essentiel : « elle offre la faculté de circonscrire l'objet des informations couvertes par une obligation particulière et, si elle

---

[98] S'il est breveté, il relève du droit de la propriété intellectuelle.

[99] DE MAISON ROUGE, Olivier, *Le droit de l'intelligence économique : patrimoine informationnel et secrets d'affaires*, Rueil-Malmaison, Lamy, 2012, p. 88.

[100] « Il doit garder les secrets de fabrication ou d'affaires de l'entreprise […] » (art. 52, al. 3 de la Loi n°15/2002 du 16 octobre 2002 portant code du travail tel que modifié et complété par la loi n° 16/010 du 15 juillet 2016).

n'est pas fondamentalement nécessaire pendant la durée d'exécution du contrat de travail (en raison d'une obligation légale de loyauté inhérente au contrat de travail), elle est susceptible de produire des effets à la fin de celui-ci. La clause de confidentialité produit donc des effets pendant la durée du contrat de travail et à l'expiration de celui-ci »[101]. Le défaut d'inclure une telle clause n'est toutefois pas inévitablement fatal puisque, pour reprendre les mots de Brigitte Nepveu, « d'autres moyens peuvent être allégués pour veiller à la protection d'une entreprise face à la concurrence »[102].

B. Atteinte au savoir-faire

Fruit de l'expérience professionnelle, des aptitudes personnelles ou de différentes méthodes mises en œuvre, le savoir-faire s'analyse comme un ensemble de connaissances qui est secret, substantiel, non breveté et transmissible.

Le caractère secret signifie que, sans nécessairement être totalement nouvelles et originales, les informations relevant du savoir-faire ne doivent cependant pas être facilement accessibles au public et aux personnes appartenant aux milieux qui s'occupent normalement de ce genre d'informations. Il s'agit de connaissances non divulguées.

Le caractère substantiel procède du fait que les connaissances concernées doivent être utiles pour la production et utiles « à l'acheteur aux fins de l'utilisation, de la vente ou de la revente des biens ou des services contractuels »[103].

Le savoir-faire n'est pas breveté. C'est la raison pour laquelle il n'exige pas un caractère inventif ou de l'originalité, et qu'il ne confère pas à son détenteur un droit privatif d'exploitation (monopole).

---

[101] CHAHKAR MIAN POSHTEH, Benjamin, *L'étude du secret commercial et industriel : approche comparatiste en droit civil par l'exemple de sa relation avec la propriété intellectuelle (France et Québec)*, Mémoire de Maîtrise en Droit, Université Laval et Université de Paris-Sud, 2018, p. 71.

[102] NEPVEU, Brigitte, GHORAYEB, Gretta et THERIAULT-LACHANCE, Geneviève, *op. cit.*, p. 533.

[103] *La protection du savoir-faire, Réflexion sur les pistes d'évolution du cadre juridique des actifs incorporels non éligibles à la protection par le code de la propriété intellectuelle*, avec le soutien de la DGE et de l'Observatoire de l'Immatériel, 5 mai 2015, p. 5.

Enfin, l'ensemble de connaissances doit être transmissible contractuellement. Aussi doit-il être bien identifié et suffisamment décrit.

Au regard de ces caractères, le savoir-faire a pu être défini comme une « connaissance technique transmissible, mais non immédiatement accessible au public et non breveté »[104], ou encore comme une « connaissance dont l'objet concerne la fabrication des produits, la commercialisation des produits et des services ainsi que la gestion et le financement des entreprises qui s'y consacrent, fruit de la recherche ou de l'expérience, non immédiatement accessibles au public et transmissibles par contrat »[105].

L'entreprise a intérêt à protéger son savoir-faire afin de garantir son développement et sa capacité de résistance à la concurrence. Il sied, toutefois, de distinguer le savoir-faire du secret de fabrication, notion plus étroite qui se limite au procédé de fabrication industriel. Le savoir-faire a quant à lui un champ plus large et peut porter sur des aspects touchant notamment aux domaines technique, commercial, promotionnel, publicitaire, administratif, financier, de la formation du personnel et de la gestion en général.

Les atteintes au savoir-faire peuvent être le fait de certains acteurs économiques peu scrupuleux qui recourraient à toutes sortes de comportements déloyaux, contraires aux usages honnêtes, pour obtenir ou utiliser les secrets de leurs concurrents et en tirer un avantage concurrentiel sur eux. Il s'agirait donc soit de l'obtention, soit de la divulgation ou encore de l'utilisation d'un savoir-faire sans le consentement de son détenteur légitime. Tel est le cas de l'espionnage industriel ou encore de la corruption des salariés de l'entreprise concurrente auprès de qui on veut obtenir des renseignements sur le savoir-faire de leur entreprise à l'insu de l'employeur moyennant promesse d'une contrepartie. Comme certains l'ont fait remarquer, ces atteintes deviennent plus récurrentes à l'ère

---

104 MOUSSERON, Jean-Marc, « Aspects juridiques du know-how », in *Cahiers droit de l'entreprise*, 1972/1, p. 1.
105 DE MAISON ROUGE, Olivier, *op. cit.*, p. 87.

des technologies de l'information, en raison d'une transmissibilité accrue et d'un espionnage industriel facilité[106].

Il est aussi admis que constitue une utilisation illicite d'un savoir-faire, le fait pour une personne, qui n'a pas personnellement accompli l'acte portant atteinte audit savoir-faire, de produire, offrir ou mettre sur le marché, ou encore d'importer, exporter ou stocker à ces fins, tout produit résultant de manière significative d'une atteinte au savoir-faire d'autrui lorsqu'elle savait, ou aurait dû savoir au regard des circonstances, que ce savoir-faire était utilisé de façon illicite.

C. Débauchage du personnel

Pour accroitre leurs performances, les entreprises ont tendance à débaucher les personnels qualifiés des entreprises concurrentes qu'elles incitent à démissionner de leurs emplois pour les récupérer chez elles. Il peut s'agir de salariés détenant des informations confidentielles de l'entreprise à laquelle ils sont liés par un contrat de travail, auxquelles des rivaux peu scrupuleux veulent accéder illicitement à travers les salariés débauchés, auquel cas ce débauchage se double d'une atteinte au savoir-faire ou au secret de fabrication. Il peut aussi être question, pour l'entreprise qui débauche, de priver un concurrent de personnels qualifiés pour, à la fois, profiter de l'expérience professionnelle de ces personnels ainsi que, parfois aussi, de leurs relations avec la clientèle du concurrent, et affaiblir le concurrent en vue de tirer un avantage concurrentiel sur lui. Mais il peut également arriver que le débauchage ne soit dicté que par le seul souci de s'entourer de personnels qualifiés, dont l'expérience professionnelle est attestée.

La question que l'on est en droit de se poser est celle de savoir si le débauchage du personnel d'une entreprise concurrente constitue forcément un acte de concurrence déloyale. Pour répondre à cette question, il faut distinguer deux hypothèses : la première est celle où le salarié débauché était lié à son ancien employeur par un contrat de travail non assorti d'une clause de non-concurrence (1°); la deuxième

[106] MALLET-POUJOUL, Nathalie, « Appropriation de l'information : l'éternelle chimère », D. 1997. 330, n°1, cité par CHAHKAR MIAN POSHTEH, Benjamin, *op. cit.*, p. 1.

est celle où il existe une clause de non-concurrence valide entre le salarié concerné et son ancien employeur (2°).

1°) Débauchage d'un salarié dont le contrat de travail n'était pas assorti d'une clause de non-concurrence

Disons tout de suite que le principe de la liberté du travail permet à tout salarié de démissionner d'une entreprise et de se faire embaucher par une autre, fut-elle concurrente de celle qui l'employait avant. Elle permet aussi à une entreprise d'engager tout salarié qu'elle juge intéressant, fut-il un ancien salarié d'une entreprise concurrente. Ce principe fonde la mobilité de la main-d'œuvre nécessaire pour l'entreprise et se donne comme la transposition en droit du travail de la règle civiliste interdisant l'engagement à vie[107]. La liberté du travail ne saurait, cependant, justifier toutes les manœuvres utilisées par les entreprises pour débaucher les personnels des entreprises concurrentes. Certaines de ces manœuvres peuvent être considérées comme contraires aux usages honnêtes et constituer des actes de concurrence déloyale. Ainsi, la déloyauté du débauchage ne peut être caractérisée dans ce cas que s'il peut être apporté la preuve que le nouvel employeur a commis un acte fautif, et que derrière ce débauchage du personnel, son intention réelle était d'affaiblir ou de déstabiliser son concurrent. Tel est le cas s'il apparaît que le débauchage visait l'obtention et l'utilisation du secret de fabrication ou du savoir-faire du concurrent, ou le détournement de sa clientèle par l'intermédiaire du salarié débauché. De même, le débauchage massif des salariés d'un concurrent peut faire présumer une secrète envie de le déstabiliser surtout s'il concerne des salariés hautement qualifiés, et est, de ce fait, susceptible de constituer un acte de concurrence déloyale. L'incitation de salariés à quitter leur ancien employeur en leur promettant de meilleures conditions de rémunération pourrait également constituer, de la part du nouvel employeur, une manœuvre délibérée de nature à affaiblir son concurrent et réduire sa compétitivité dans la lutte concurrentielle[108].

---

[107] En effet, selon l'art. 428 du code civil, livre 3, « on ne peut engager ses services qu'à temps ou pour une entreprise déterminée ».

[108] Voir TEXIER, Michel, *op. cit.*, pp. 311-317 ; LEHUEDE, Pascal, *op. cit.*, pp. 204-205.

2°) Débauchage d'un salarié dont le contrat de travail est assorti d'une clause de non-concurrence

La clause de non-concurrence, on l'a dit, interdit au salarié après la fin du contrat et dans les conditions que nous avons examinées, d'exploiter une entreprise personnelle, de s'associer en vue de l'exploitation d'une entreprise ou de s'engager chez d'autres employeurs. L'employeur qui engage un salarié dont la clause de non-concurrence est encore valide commet un acte de concurrence déloyale s'il est établi qu'il avait connaissance de l'existence de ladite clause ou qu'il ne pouvait en ignorer l'existence compte tenu des usages dans certains secteurs d'activités où une telle clause est systématiquement insérée dans les contrats de travail.

D. Détournement des commandes

Le détournement de commandes est l'une des manifestations du détournement de clientèle ou démarchage de clientèle qui consiste à démarcher ou à « courtiser » la clientèle d'un concurrent. Le démarchage de la clientèle d'un concurrent n'est évidemment pas fautif en lui-même puisqu'il relève de la liberté de la concurrence. Ce sont les conditions de sa réalisation qui peuvent conduire à le considérer comme un acte déloyal. Seraient, par exemple, entachés de déloyauté, le fait pour un salarié de démarcher la clientèle de son employeur au profit de sa propre entreprise avant la cessation du contrat de travail qui les lie (puisque son obligation de loyauté envers son employeur lui interdit de lui faire concurrence), ou le fait pour un ancien salarié de détourner la clientèle de son ancien employeur alors que la clause de non-concurrence qui les lie est encore en cours de validité. Rien ne s'oppose, cependant, à ce qu'un ancien salarié attire la clientèle de son ancien employeur en l'absence d'une clause de non-concurrence ou après l'expiration de celle-ci. Mais, même dans ces cas, il y aura faute si ce démarchage se fait de manière systématique ou s'accompagne de toute autre pratique illicite ou d'une volonté de nuire à l'ancien employeur.

Le démarchage fautif de clientèle peut aussi être le fait d'une tierce entreprise qui utiliserait ses relations avec les salariés d'une entreprise rivale pour détourner sa clientèle pour son compte, ou qui recourrait, pour la même fin, à d'autres manœuvres déloyales. Il peut, par exemple, être l'un des objectifs visés par le débauchage illicite du personnel d'un concurrent.

On comprend, dès lors, que, dans le démarchage de clientèle, la déloyauté ne se présume point ; elle doit être constatée par la preuve d'un comportement fautif de la part du démarcheur.

S'agissant plus précisément du détournement de commandes, il consiste pour une entreprise à déployer les moyens nécessaires pour récupérer à son profit les commandes passées à une entreprise rivale. Encore une fois, ce sont les moyens mis en œuvre qui détermineront le caractère déloyal ou non de cette pratique. Pascal Lehuédé, qui souligne qu'il n'y a pas de concurrence déloyale si les clients s'adressent spontanément à l'intéressé (liberté de la concurrence oblige !), cite, à titre illustratif, comme constituant des détournements fautifs de commandes, le fait de l'ancien employé d'une entreprise ayant créé la sienne qui continue à agir auprès de la clientèle de son ex-employeur comme s'il était toujours son représentant, ou qui gèle et retarde une commande adressée à son futur ex-employeur jusqu'à la constitution de sa propre entreprise, pour la faire exécuter par sa propre entreprise, ou encore qui organise le renvoi des courriels adressés à son ancien employeur vers son adresse électronique[109].

E. Entrave à la publicité

La publicité est très déterminante dans les stratégies de conquête de parts de marché d'une entreprise, en tant que moyen devant permettre à celle-ci d'attirer l'attention des consommateurs et de les inciter à acheter ses produits ou ses services. Il est vrai que des dérives sont possibles avec la publicité surtout si elle est l'œuvre d'acteurs économiques peu soucieux de l'éthique des affaires (publicité mensongère, publicité comparative illicite, dénigrement, confusion, etc.) ; elle peut même fausser la concurrence si elle n'est pas bien contrôlée. Mais il ne saurait être question de priver une entreprise de la possibilité de déployer des activités publicitaires normales, non entachées d'abus. Ce serait non seulement méconnaitre sa liberté d'expression et le droit à l'information des consommateurs, mais aussi lui retirer un outil nécessaire pour son développement et sa

[109] LEHUEDE, Pascal, *op. cit.*, p. 206.

compétitivité sur le marché concurrentiel ; car même si elle ne résout pas tout, elle est utile pour informer et persuader les consommateurs des qualités de ses produits ou services. En outre, en donnant une bonne information au public, une publicité loyale comporte des avantages « tant pour la protection de celui-ci, que pour le jeu régulier de la concurrence »[110]. Dans ce sens, le législateur considère comme un acte de concurrence déloyale tout comportement d'une entreprise tendant à faire obstacle au déploiement d'activités publicitaires normales par un concurrent.

F. Pratique des prix d'appel lorsque celle-ci s'accompagne de tromperie ou de dumping

Selon le site Web Définitions-marketing.com, un prix d'appel est un prix artificiellement bas qui ne permet généralement pas de réaliser des bénéfices sur la vente du produit considéré (produit d'appel) mais qui sert à générer du trafic en points de vente[111]. Cette pratique, dont l'objectif est de créer du trafic dans les installations de l'entreprise et ainsi lui permettre de faire connaître ses produits et éventuellement inciter les acheteurs à se les procurer, en utilisant comme appât un important rabais des prix de certains produits, rentre dans les stratégies normales de conquête de la clientèle et participe à l'efficacité de l'économie de marché. Elle peut, néanmoins, être détournée par certains acteurs économiques qui l'utiliseraient pour tromper la bonne foi des consommateurs.

C'est le cas, par exemple, si une entreprise affiche des prix suffisamment bas pour des produits dont la quantité disponible est infime, dans le dessein de proposer ensuite aux nombreux consommateurs des produits similaires, mais dont les prix sont plus élevés. Il arrive aussi qu'une entreprise affiche des prix très bas pour des produits qu'elle n'a pas l'intention de vendre ou pour des produits dont elle va dissuader l'achat à cause de la faiblesse de leurs caractéristiques, afin d'attirer les consommateurs et de les orienter vers d'autres produits dont la vente est plus rentable pour elle. Une autre hypothèse est celle qui consiste, par des prix très bas, à attirer les

---

[110] PLAISAND, René, « La réglementation de la publicité », in *Les Cahiers de la publicité*, n°20, 1968, p. 80.
[111] BATHELOT, B., *Prix d'appel*, modifié le 24/06/2017.

consommateurs pour leur vendre, en plus du produit concerné par le rabais, des accessoires dont les prix sont plus profitables pour le vendeur. Ce sont là des pratiques commerciales trompeuses qui recouvrent ce que l'on nomme la technique de l'appât et substitution (en anglais : *Bait and Switch*) [112], et contre lesquelles il faut protéger les consommateurs.

Par ailleurs, la pratique des prix d'appel est aussi utilisée par certaines entreprises comme une arme pour évincer délibérément, par la pression concurrentielle, des concurrents du marché. En effet, une entreprise dominante peut adopter « un comportement prédateur en supportant des pertes ou en renonçant à des bénéfices à court terme, et ce délibérément (il s'agit donc d'un véritable sacrifice financier), de façon à évincer ou à pouvoir évincer un ou plusieurs de ses concurrents réels ou potentiels en vue de renforcer ou de maintenir son pouvoir de marché, portant de ce fait préjudice aux consommateurs »[113].

Lorsqu'elle est grevée de telles pratiques trompeuses ou de l'intention de nuire, la pratique des prix d'appel devient fautive et constitue un acte de concurrence déloyale. Tel est l'esprit du législateur qui sous-entend que la pratique des prix d'appel, licite en elle-même, n'est répréhensible que lorsqu'elle s'accompagne de tromperie ou de dumping.

De manière générale, il y a tromperie lorsqu'on fait croire « que la chose offerte est par sa nature, ses qualités ou sa quantité, différente de ce qu'elle est en réalité »[114]. Le dumping, qui ne s'utilisait couramment que dans le commerce international pour désigner la pratique qui « consiste à écouler à bas prix sur les marchés extérieurs les excédents de production qui ne sont pas absorbés par les marchés

---

[112] Option Consommateurs, *La vente à prix d'appel : encadrement au Canada et au Royaume-Uni et collecte de renseignements dans le commerce au détail.* Rapport de recherche, réalisé par Option consommateurs et présenté au Bureau de la consommation d'Industrie Canada, Montréal, Mai 2012, p. 9.

[113] Communication de la Commission - Orientations sur les priorités retenues par la Commission pour l'application de l'article 82 du TCE aux pratiques d'éviction abusives des entreprises dominantes, Communication 2009/C 45/02, JOUE 24/02/2009, C 45/7.

[114] PLAISAND, René, *op. cit.*, p. 83.

intérieurs en raison de la faiblesse de la demande domestique »[115], a aujourd'hui une signification plus large et fait référence à une « pratique consistant à offrir, dans le but d'accaparer un marché en faisant disparaître les concurrents, des produits ou des services à un prix inférieur à leur prix de revient »[116]. Ce faisant, il représente un danger pour le fonctionnement normal du marché et pour la protection des concurrents.

G. Couponnage électronique

Le couponnage électronique est décrit comme un procédé qui, par la lecture électronique des codes-barres lors du passage des clients à la caisse, permet d'identifier des produits concurrents. Fort des informations ainsi obtenues sur les produits concurrents et leurs prix, des bons de réduction à valoir sur tout achat ultérieur desdits produits sont émis et délivrés aux acheteurs. Ainsi, par exemple, l'acheteur d'un produit A se verra remettre un bon de réduction à valoir sur tout achat ultérieur d'un produit B concurrent. On considère qu'une telle pratique est constitutive d'un acte de concurrence déloyale, s'analysant comme un détournement de clientèle, dans la mesure où il y a une sollicitation des clients d'un concurrent déterminé. En fait, ce qui est répréhensible dans ce cas, ce n'est ni l'utilisation des codes-barres qui ne délivrent aucune information confidentielle et servent uniquement à identifier des produits offerts aux acheteurs ainsi que leurs prix qui sont connus, ni à proprement parler le démarchage de la clientèle d'un concurrent, mais plutôt « le démarchage brutal, s'adressant à des consommateurs déterminés, et non pas opéré par la voie d'une offre générale adressée au public sous forme de remise de prix ciblée »[117].

[115] BARBET, Philippe, « Du dumping comme pratique loyale et de l'anti-dumping comme barrière aux échanges », in *Revue française d'économie*, volume 10, n°2, 1995, p. 5.
[116] GUINCHARD, Serge et DEBARD, Thierry (dir.), *Lexique des termes juridiques*, 25e édition 2017-2018, Dalloz, 2018, p. 757.
[117] BLAISE, Jean-Bernard et DESGORCES, Richard, *op. cit.*, p. 255. Voir également LEHUEDE, Pascal, *op. cit.*, p. 206.

H. Utilisation de la marque d'autrui à titre de promotion

L'article 128 de la loi sur la propriété industrielle entend par marque « tout signe distinctif qui permet de reconnaître ou d'identifier divers objets ou services d'une entreprise quelconque ». Il s'agit, en d'autres termes, de tout signe visuel ou toute combinaison de signes visuels qui permet de distinguer les produits ou services d'une entreprise de ceux de ses concurrents. Ces signes peuvent comprendre des mots, des lettres, des chiffres, des images, des formes ou des couleurs ainsi qu'une combinaison de ces éléments[118].

Les marques occupent une place importante dans l'actif de l'entreprise. En effet, « les moyens modernes de communication et de publicité permettent aux marques de rallier et de fixer une clientèle extrêmement nombreuse. Elles peuvent posséder une grande valeur, qui dépasse largement les investissements industriels les plus coûteux »[119]. C'est ainsi qu'elles doivent être protégées. L'utilisation abusive de la marque d'autrui peut même être rangée parmi les moyens de confusion, destinés à « pousser les clients à se méprendre sur l'identité de l'entreprise à laquelle ils s'adressent ou sur l'origine des produits qu'ils acquièrent. La confusion est provoquée par le fait de se rapprocher de l'image d'un concurrent »[120]. Ce qui favorise en conséquence un détournement de la clientèle du concurrent concerné. Ce procédé, que la loi qualifie d'acte de concurrence déloyale, est malheureusement utilisé fréquemment par des concurrents malveillants.

I. Méconnaissance d'une convention d'exclusivité

La convention d'exclusivité est une convention par laquelle une personne ou une entreprise s'engage soit à ne pas fournir des marchandises ou des services à un concurrent de son cocontractant, soit à ne pas se fournir auprès d'un concurrent de son cocontractant. Elles sont récurrentes, soit en tant que conventions accessoires de conventions principales, soit sous forme de clauses insérées dans des conventions, et sont souvent utilisées dans divers domaines (droit

---

[118] Organisation mondiale de la protection intellectuelle, *Comprendre la propriété industrielle*, précité, p. 13.
[119] BLAISE, Jean-Bernard et DESGORCES, Richard, *op. cit.*, p. 392.
[120] TEXIER, Muriel, *op. cit.*, p. 125.

commercial, droit du travail, etc.), surtout dans le cadre de la distribution intégrée, technique qui regroupe les acteurs économiques dans des réseaux de commercialisation. Ainsi, un distributeur peut prendre l'engagement de ne s'approvisionner qu'auprès de tel fournisseur, tandis que, de son côté, le fournisseur peut aussi s'obliger à ne traiter qu'avec tel distributeur. Il y a restriction consentie de la liberté de choisir son cocontractant. L'illustration parfaite de cette situation est le contrat de concession exclusive, celui par lequel un fournisseur, appelé concédant, s'engage à ne fournir ses produits, sur un territoire donné et parfois pour un terme défini, qu'à son cocontractant, appelé concessionnaire. Celui-ci, à son tour, s'oblige à n'acheter et vendre que les produits concédés, en respectant la politique commerciale définie par son partenaire. Il y a réciprocité d'exclusivité : exclusivité de fourniture territoriale pour le fournisseur, et exclusivité d'achat pour le revendeur. Mais l'exclusivité peut aussi ne porter que soit sur la revente, soit sur l'achat.

Avec l'exclusivité de revendre, le concessionnaire, à ses risques et périls et sous le contrôle du concédant, achète pour revendre des produits sous marque dont il possède l'exclusivité de revente dans un territoire déterminé. Dans ce cas, le fournisseur s'interdit de vendre les produits concernés à d'autres distributeurs dans la zone protégée, et ne peut s'y implanter lui-même pour la même activité.

L'exclusivité d'achat ou d'approvisionnement suppose qu'un fournisseur, qui consent des avances financières et une assistance matérielle à un distributeur, oblige ce dernier à n'acheter qu'auprès de lui certains produits déterminés, et parfois pour une quantité déterminée. Par contre, le fournisseur demeure libre de vendre les mêmes produits à d'autres distributeurs dans la même zone.

La loi considère que la violation de l'obligation d'exclusivité, par exemple le fait pour le fournisseur de vendre les produits couverts par l'exclusivité à une tierce personne dans la zone protégée, constitue un acte de concurrence déloyale. Le risque d'une telle violation est bien réel ici surtout si un fournisseur lié par une exclusivité territoriale crée un site internet marchand[121]. Quel serait encore, dans une telle

[121] Lire à ce sujet BELLIS, Jean-François et PETIT, Nicolas, « Le droit de la concurrence : précautions utiles lors de la rédaction d'un contrat de distribution », in

situation, l'utilité du contrat ou de la clause d'exclusivité territoriale lorsqu'on sait que l'internet a comme caractéristique de supprimer les frontières ? S'agirait-il dans ce cas aussi d'une violation répréhensible de la clause d'exclusivité ? Ce sont là des questions sur lesquelles est attendue l'intervention du législateur ou, à défaut, celle du juge.

§3. Utilisation illégitime de la réputation d'autrui

La réputation représente un enjeu majeur pour la prospérité et la pérennité d'une entreprise. Elle est constituée, de l'avis de certains auteurs, « de réactions affectives ou émotionnelles, bonnes ou mauvaises, faibles ou fortes des consommateurs, des investisseurs, des employés et de l'opinion publique »[122]. Compte tenu de cette importance qu'elle revêt pour la survie de l'entreprise, celle-ci investit généralement de gros moyens pour se construire une bonne réputation qui puisse lui donner un avantage concurrentiel durable sur le marché. Une bonne réputation augmente l'intention d'achat de ses produits ou services, influence le comportement des consommateurs et agit sur la confiance accordée à ses nouveaux produits. Elle paraît difficile à imiter ou à dupliquer dans la mesure où elle se construit à partir de dispositifs internes à l'entreprise[123]. Il arrive cependant que, par des mécanismes divers, une entreprise maligne utilise à son profit la réputation d'une autre entreprise. Le législateur, à travers l'article 44 de la Loi organique n° 18-020 du 9 juillet 2018 relative à la liberté des prix et à la concurrence, considère que l'utilisation de la réputation d'autrui pour conquérir et conserver une clientèle est illégitime lorsqu'elle est basée sur l'imitation servile (A), la concurrence parasitaire ou les agissements parasitaires (B).

A. Imitation servile

L'imitation a principalement pour but de créer, dans l'esprit des consommateurs, une confusion sur les éléments attractifs de clientèle afin de les pousser à se méprendre sur l'identité de celui avec qui ils

---

DELFORGE, Catherine (Coord.), *Actualités en matière de rédaction des contrats de distribution*, Bruylant, 2014, pp. 57-62.

[122] BOISTEL, Philippe, « La réputation d'entreprise : un impact majeur sur les ressources de l'entreprise », in *Management Prospective* Ed., « Management & Avenir », 2008/3 n° 17, p. 9.

[123] BOISTEL, Philippe, *op. cit.*, pp. 16-17.

traitent ou sur l'originalité de ce qu'ils acquièrent. Elle suppose, pour être caractérisée, d'une part que soit établie l'existence d'une clientèle commune, d'une même spécialité (activités identiques) et d'une proximité territoriale, en un mot, d'une situation de concurrence, et d'autre part, que la confusion créée soit de nature à induire en erreur un public moyennement attentif. Selon l'alinéa 1er de l'article 45 de la Loi organique n° 18-020 du 9 juillet 2018 relative à la liberté des prix et à la concurrence, « l'imitation servile tendant à créer la confusion sur les produits, la présentation des produits, les signes distinctifs, les emballages, le nom commercial et la publicité est constitutive d'une concurrence déloyale ».

Il résulte de la lecture de cette disposition, que l'imitation peut porter :

- sur les éléments d'identification de l'entreprise concurrente (nom commercial, enseigne, nom de domaine, etc.) afin de créer la confusion sur l'entreprise avec laquelle les clients traitent. Il a été jugé que constitue un comportement déloyal, et même un acte visant le détournement de clientèle, l'emploi d'un nom de domaine quasi-identique (annoncesvacances.com et annonces-vacances.com), pour des sites ayant un contenu similaire, inspiré par la volonté délibérée de tirer profit à moindre coût des investissements de l'autre, en créant dans l'esprit du public un risque de confusion sur l'origine du service offert (Paris 8 octobre 2003)[124].

- sur les signes distinctifs de l'entreprise (marques, dessins, modèles ...). A ce sujet, la loi précise que « l'imitation n'est cause de concurrence déloyale que lorsque le signe distinctif ou la marque imitée ne fait pas l'objet d'un droit privatif ouvrant droit à une protection par une action en contrefaçon. L'action en protection du signe distinctif ne peut être cumulée avec l'action en concurrence déloyale que si l'utilisation du signe distinctif est assortie des circonstances détachables qui le justifient »[125].

---

[124] Cité par LEHUEDE, Pascal, *op. cit.*, p. 207.

[125] Art. 46 de la Loi organique n° 18-020 du 9 juillet 2018 relative à la liberté des prix et à la concurrence.

- sur les produits eux-mêmes, leur présentation ou leur emballage : la similitude portera essentiellement sur les signes distinctifs des produits et des emballages, caractérisés par leur originalité.

- sur la publicité, lorsque l'imitation se réalise sur des idées publicitaires ou des messages publicitaires ayant une certaine originalité.

Par ailleurs, l'imitation servile sera qualifiée d'acte de concurrence déloyale indépendamment de la bonne ou de la mauvaise foi de son auteur. Il importe donc peu que l'imitation soit frauduleuse ou non ; et la preuve de l'intention de créer la confusion dans le chef de l'imitateur n'est pas exigée pour établir l'existence de la concurrence déloyale, elle n'en est pas une condition nécessaire. C'est ce que prescrit le deuxième alinéa de l'article 45 de la Loi organique n° 18-020 du 9 juillet 2018 relative à la liberté des prix et à la concurrence : « la bonne foi de l'auteur de l'imitation consistant en l'ignorance de l'existence du produit ou l'absence d'une intention de créer la confusion n'est pas un fait justificatif de la concurrence déloyale qui en résulte ».

B. Parasitisme économique

Une autre manifestation de l'utilisation illégitime de la réputation d'autrui est le fait de vivre en parasite dans son sillage pour tirer profit, sans rien dépenser, de cette réputation. C'est ce que l'on qualifie de parasitisme économique. Comme le précise Pascal Lehuédé, « le parasite ne recherche pas nécessairement à créer une confusion avec une autre entreprise : il a seulement pour but de profiter indument de la réputation d'autrui, qui n'est pas nécessairement un concurrent, de vivre en " parasite " dans son sillage, en utilisant pour son propre compte les efforts accomplis par la victime du parasitisme ou en bénéficiant de sa notoriété […] »[126]. Ce comportement qui viole la morale et l'éthique des affaires peut ainsi revêtir deux formes : la concurrence parasitaire et les agissements parasitaires.

[126] LEHUEDE, Pascal, *op. cit.*, p. 215.

La concurrence parasitaire est le fait pour un acteur économique de profiter illicitement et gratuitement des efforts ou de la réputation d'un concurrent. Il faut, en clair, pour qu'il y ait concurrence parasitaire, une situation de concurrence entre les deux acteurs économiques, souvent avec l'intention du parasite de détourner la clientèle du parasité. Tel est l'entendement du législateur congolais qui dispose qu'est constitutif d'acte de concurrence déloyale pour concurrence parasitaire, le fait pour « quiconque de se placer dans le sillage d'un concurrent pour exploiter le même type de clientèle en créant la confusion qui lui permet de détourner à son profit une clientèle »[127].

Par contre, les agissements parasitaires ne nécessitent pas l'existence d'une clientèle commune ou d'une situation de concurrence entre les acteurs économiques concernés. Tel est l'esprit de l'article 47 de la Loi organique n° 18-020 du 9 juillet 2018 relative à la liberté des prix et à la concurrence qui qualifie d'acte de concurrence déloyale, le fait pour « une entreprise, en l'absence d'une concurrence entre deux entreprises, de créer la confusion sur l'origine des produits, par dérogation au principe de la spécialité des marques, en vue d'acquérir une clientèle sans effort particulier ».

§4. Vente avec prime

La vente avec prime s'analyse comme la vente d'un produit ou d'un service donnant lieu à titre gratuit à l'acquisition d'un autre produit ou service[128], ou encore comme une vente ou prestation de services à l'occasion de laquelle est remise gratuitement au client une prime consistant elle-même en marchandises ou en une prestation de services, la remise pouvant être immédiate ou différée[129]. Le législateur congolais a la même appréhension de ce concept qu'il définit comme une « vente dont la particularité réside dans le fait que

[127] Art. 47 de la Loi organique n° 18-020 du 9 juillet 2018 relative à la liberté des prix et à la concurrence.

[128] MALVIYA, Natasha, *Les ventes avec primes et les ventes liées déloyales*, Mémoire de Master 2 Droit de la concurrence et de la consommation, Université de Montpellier 1, 2011-2012, p. 7.

[129] GUINCHARD, Serge et DEBARD, Thierry (dir.), *op. cit.*, p. 1901.

l'acquéreur d'un bien se verra offrir des cadeaux complémentaires pour le remercier de son acte d'achat »[130].

La prime s'entend donc, dans ce sens, d'un produit ou d'un service offert gratuitement en plus du produit ou du bien offert à la vente, et qui, en principe, ne doit pas être identique à ce produit ou service. Elle ne constitue pas à proprement parler un cadeau. En effet, le cadeau est, par définition, un bien ou un service offert gratuitement à une personne sans que celle-ci ne soit soumise, en contrepartie, à une obligation de contracter. Or ici, la prime est liée à l'achat d'un produit ou d'un service.

La remise de la prime peut intervenir immédiatement au moment de l'achat (prime directe) ou postérieurement à l'achat après que le consommateur ait envoyé au professionnel la preuve de l'achat y donnant droit (prime indirecte ou différée).

L'offre de vente avec prime est une opération publicitaire et de promotion destinée à soutenir la vente du bien ou du service face à la concurrence, et même à fidéliser la clientèle. Mais elle peut facilement virer au mensonge en ce sens que le produit ou service offert en plus de celui acheté, et annoncé gratuit, viendrait en réalité grever le prix de vente sans que le consommateur ne s'en rende compte. Elle peut aussi amener des consommateurs naïfs à acheter des produits qui ne les auraient pas intéressés sans la prime proposée. C'est la raison pour laquelle elle est interdite afin de protéger les consommateurs et de préserver la loyauté de la concurrence.

Dans certaines législations, la vente avec prime n'est plus considérée comme une pratique déloyale *per se*, de sorte qu'elle est autorisée tant qu'elle ne revêt pas un caractère déloyal, c'est-à-dire tant qu'elle n'est pas contraire aux exigences de la diligence professionnelle et qu'elle n'altère pas, ou n'est pas susceptible d'altérer de manière substantielle, le comportement du consommateur normalement informé et raisonnablement attentif et avisé, à l'égard d'un bien ou d'un service. La loi congolaise n'ayant pas donné de telles précisions,

---

130 Art. 5-19 de la Loi organique n° 18-020 du 9 juillet 2018 relative à la liberté des prix et à la concurrence.

il faut en déduire que l'interdiction de cette pratique est générale et que la pratique est déloyale *per se*.

§5. Vente avec boule de neige

La vente avec boule de neige ou à la boule de neige, appelée aussi vente pyramidale, est une pratique qui utilise des acheteurs pour collecter des adhésions ou des inscriptions d'autres acheteurs au profit du vendeur en contrepartie de gains financiers proportionnels au nombre d'acheteurs recrutés. Le lexique des termes juridiques la présente comme une « vente pratiquée par un procédé consistant à offrir des marchandises au public en lui faisant espérer l'obtention gratuite ou avantageuse de ces marchandises et en subordonnant cette vente au placement de bons ou tickets à des tiers ou à la collecte d'adhésions ou inscriptions[131]. Pour le législateur, qui va dans le même sens, il s'agit d'une « offre des marchandises à titre gratuit ou à un prix réduit sous condition, pour l'acheteur, de recueillir des commandes semblables passées par de nouveaux clients »[132].

Le système paraît vicieux et est même assimilé par certains à une forme d'escroquerie : un acheteur reçoit de la part d'un acteur économique qui offre des marchandises au public, la promesse d'obtenir la marchandise gratuitement ou à un prix réduit s'il réussit à recruter un certain nombre de nouveaux acheteurs en plaçant des bons ou des tickets ou encore par la collecte d'adhésions ou d'inscriptions ; et ensuite, chacun des acheteurs par lui recrutés est à son tour invité à recruter d'autres acheteurs pour bénéficier des mêmes avantages, et ainsi de suite.

Le caractère pyramidal de ce procédé est lié au fait que le profit provient essentiellement du recrutement de nouveaux acheteurs. En effet, s'il fonctionne bien, il y aura une progression constante du nombre d'acheteurs par l'action des acheteurs eux-mêmes. Pour intégrer le système, il peut être exigé du nouveau membre le paiement d'un droit dont une partie sera utilisée pour rémunérer le recruteur, tandis que l'autre partie servira à la rémunération des recruteurs

[131] GUINCHARD, Serge et DEBARD, Thierry (dir.), *op. cit.*, p. 1899.
[132] Art. 5-17 de la Loi organique n° 18-020 du 9 juillet 2018 relative à la liberté des prix et à la concurrence.

successifs. C'est là aussi la principale faiblesse de ce mécanisme car il arrivera un moment où le système sera saturé faute de nouveaux candidats recrutables : les membres récemment recrutés ne sauront donc plus être rémunérés, alors que les plus anciens auront eu le temps d'amortir leur mise de départ et même d'accumuler des bénéfices. L'autre risque est celui de voir l'offre de marchandises être dépassée par la demande étant donné la progression rapide du nombre d'acheteurs-adhérents, et donc l'impossibilité pour le professionnel d'accorder les avantages promis.
En France par exemple, a été condamnée pour vente à la boule de neige, une société éditrice d'un nom de domaine qui « proposait à tout internaute visitant son site de collecter des adhésions ou de s'inscrire sur la liste de ses membres en lui faisant espérer des gains financiers résultant d'une progression géométrique du nombre des personnes recrutées ou inscrites » (CA Paris, 15 juin 2001).

La Cour de Justice de l'Union Européenne a jugé qu'« un système de promotion pyramidale ne constitue une pratique commerciale déloyale en toutes circonstances que lorsqu'un tel système exige du consommateur une participation financière, quel que soit son montant, en échange de la possibilité pour ce dernier de percevoir une contrepartie provenant essentiellement de l'entrée d'autres consommateurs dans le système plutôt que de la vente ou de la consommation de produits » (CJUE, 4 avril 2014, affaire C-515/12).

Une population majoritairement naïve et qui croupit dans une misère toujours grandissante représente une cible facile de ce genre de procédé. Grisée par la perspective de gains financiers importants, elle serait prête, dans sa quête de moyens de survie, à investir ses faibles ressources en s'inscrivant dans ce système qui peut en définitive être vite saturé. C'est donc à bon droit que le législateur congolais range lui aussi parmi les actes de concurrence déloyale, susceptibles d'exposer à des sanctions pénales, la vente avec boule de neige[133].

---

[133] Art. 41-4, 61 et 75 de la Loi organique n° 18-020 du 9 juillet 2018 relative à la liberté des prix et à la concurrence.

Section 2. Prohibition des pratiques restrictives de concurrence

Les pratiques constituent des comportements, des manières d'agir, qui peuvent être bonnes ou mauvaises. Si les bonnes pratiques doivent être encouragées, les mauvaises doivent quant à elles être sanctionnées. Au sens strict, le droit de la concurrence est un droit du comportement, un droit de pratiques. Son seul objet étant la protection du marché, il sanctionne essentiellement les comportements contraires à la liberté de la concurrence, qui perturbent directement le fonctionnement du marché, et qu'on qualifie de pratiques anticoncurrentielles. Les objectifs de loyauté et d'égalité dans la compétition économique ne rentrent pas dans son orbite. C'est par une conception extensive que la prohibition des pratiques restrictives de concurrence trouve une place dans le droit de la concurrence, étant donné que ces dernières n'ont pas nécessairement un lien avec le fonctionnement du marché, mais visent prioritairement la protection des opérateurs économiques. On réalise par-là que le droit de la concurrence qui, au départ, n'avait pour seul souci que la défense de l'intérêt collectif spécial qu'est le libre jeu du mécanisme du marché, a pour ainsi dire bifurqué, sous la pression de la réalité et des abus qui se développaient au niveau de la concurrence pour intégrer un autre souci : la défense des intérêts particuliers de contractants en position de faiblesse[134]. La grande différence entre les pratiques restrictives de concurrence et les pratiques anticoncurrentielles est que les premières s'intéressent aux comportements contraires à la loyauté et à l'égalité de la concurrence, c'est-à-dire aux rapports entre acteurs économiques, et sont interdites et sanctionnées sans aucune considération de leur effet, réel ou supposé, sur le marché ; en d'autres termes, elles désignent des comportements présumés de façon irréfragable restreindre la concurrence, et pour cette raison interdits indépendamment de leur impact réel sur le marché. Elles sont donc sanctionnées *per se*, sans chercher à savoir si elles ont eu ou non une incidence sur le marché. Par contre, les pratiques anticoncurrentielles sont jugées par rapport à leur effet sur le marché et ne sont

[134] ROCHFELD, Judith, « A la croisée du droit de la concurrence et du droit des contrats : l'apport des pratiques restrictives de concurrence », in *Revue juridique de l'Ouest,* 2004-4, p. 473.

sanctionnées que dans la mesure où elles ont eu pour objet ou pour effet de fausser la concurrence sur le marché[135].

Aux termes de l'article 34 de la Loi organique n° 18-020 du 9 juillet 2018 relative à la liberté des prix et à la concurrence, les pratiques restrictives de la concurrence sont constituées notamment : de l'imposition d'un prix minimal de revente tel que visé à son article 11 alinéa 2 (§1), du refus de vente entre professionnels (§2) et des pratiques discriminatoires de vente (§3). La liste dressée par le législateur n'est donc pas exhaustive, ce qui laisse au juge la latitude de qualifier d'autres comportements de pratiques restrictives de concurrence s'il est établi que ces comportements enfreignent la loyauté et l'égalité qui doivent caractériser les rapports entre acteurs économiques, et qu'ils ont pour effet de porter atteinte aux intérêts légitimes des concurrents.

§1. Imposition d'un prix minimal de revente

L'article 34, repris ci-dessus, parle de l'imposition d'un prix minimal de revente tel que visé à l'article 11, alinéa 2. Ce dernier est ainsi libellé : « À l'exception du domaine de l'édition pour la vente des livres et de la presse écrite pour la vente des journaux et périodiques, est nulle toute disposition qui impose un caractère minimal au prix de revente d'un produit ou d'un bien, d'une prestation de service ou à une marge commerciale ». Ce qui revient à dire que l'interdiction de l'imposition d'un prix minimal de revente concerne tous les domaines, à l'exclusion de la vente des livres et des journaux et périodiques.

Il arrive, en effet, dans certains rapports contractuels entre professionnels qu'une partie cherche à imposer à l'autre soit un prix minimal, soit une marge bénéficiaire pour la revente des biens ou services qu'elle lui aura fournis. Le risque d'une telle pratique est réel dans les rapports entre fournisseurs et distributeurs dans le cadre d'une distribution intégrée, l'intégration étant un moyen pour un fournisseur de contrôler les points de vente de ses produits par une série de clauses, dont celles sur les prix. Les distributeurs, surtout les petits,

---

[135] FORTUNATO, Aurelien, *Clauses et pratiques restrictives de concurrence*, Université du Droit et de la Santé - Lille II, 2016, pp. 30-36 ; GUINCHARD, Serge et DEBARD, Thierry (dir.), *op. cit.*, pp. 1430-1431.

sont dans une situation de dépendance économique[136]. Cette dépendance ne constitue en rien une raison devant justifier l'imposition d'un prix minimal de revente au cocontractant. L'interdiction des clauses qui imposent un caractère minimal au prix de revente se fonde sur le fait qu'« on considère qu'une telle fixation serait un frein à la concurrence dans la mesure où le commerçant n'est plus maître de sa politique tarifaire »[137]. Mais on peut raisonnablement soutenir que l'imposition des prix rentre dans la catégorie des « abus commis sur fond de relation de dépendance, permettant à l'un des partenaires d'obtenir de l'autre des conditions commerciales ou des obligations injustifiées »[138]. Dès lors, l'objectif de l'interdiction est aussi « de protéger une partie en situation de faiblesse contre les agissements abusifs de son partenaire [...] (et) le rétablissement d'un équilibre dans les rapports de partenaires en position de force inégale sur un marché »[139].

§2. Refus de vente entre professionnels

Le refus de vente entre professionnels peut être considéré comme le fait pour un professionnel (producteur, distributeur ou prestataire de services) de refuser de satisfaire à la demande de produits ou de prestation de services émanant d'un autre professionnel, formulée dans des conditions conformes aux usages commerciaux et ne présentant aucun caractère anormal. Ce qui risque parfois « de conduire à l'élimination de certains commerçants »[140]. Le refus de vente ne doit pas, pour être caractérisé, être nécessairement motivé par une intention spéculative. Le simple fait de ne pas satisfaire à une demande qui peut normalement être satisfaite suffit.

Cette pratique n'est toutefois pas illicite en toutes circonstances, puisque le législateur indique les faits constitutifs de refus de vente et prévoit, par ailleurs, des cas où la pratique peut être justifiée. Ainsi, si

---

[136] COLLART DUTILLEUL, François et DELEBECQUE, Philippe, *Contrats civils et commerciaux*, 11ème édition, Paris, Dalloz, 2019, p. 987.
[137] FRISON-ROCHE, Marie-Anne (Dir.), *Droit commercial. Actes de commerce – commerçants - fonds de commerce – concurrence - consommation*, Paris, Dalloz, 2015, pp. 331-332.
[138] ROCHFELD, Judith, *op. cit.*, p. 476.
[139] *Ibidem*, p. 477.
[140] FRISON-ROCHE, Marie-Anne (Dir.), *op. cit.*, p. 338.

l'illicéité du refus de vente est le principe (A), il existe des exceptions à ce principe établies par la loi (B).

A. Principe

Le principe est donc l'interdiction du refus de vente. Sont constitutifs du refus de vente : le refus explicite ou implicite de vente entre professionnels (1°), le silence (2°), le refus d'agrément en qualité de distributeur des produits d'une marque (3°), la subordination de la satisfaction d'une demande aux conditions inhabituelles (4°).

L'intérêt pratique de cette interdiction est de garantir « un rapport de force favorable aux distributeurs dans leurs négociations avec les industriels »[141], étant entendu que ces derniers ne sauraient refuser d'approvisionner un distributeur qui formule une demande normale ou exclure des acheteurs sous quelque prétexte que ce soit, et de maintenir, ce faisant, le plein exercice de la liberté du commerce et de l'industrie et du libre jeu de la concurrence.

1°) Refus explicite ou implicite de vente entre professionnels

Il s'agit du refus pur et simple de la part d'un fournisseur, distributeur ou prestataire de services de contracter avec un autre professionnel qui formule une offre d'achat ou une demande de services, et ce sans aucun motif valable. Ceci peut, notamment, inclure le fait de subordonner la satisfaction de la demande à des conditions impossibles à réaliser.

2°) Silence

Il faut logiquement entendre, par cet acte, l'absence de réaction à une offre dûment réceptionnée d'achat ou de services adressée à un professionnel par un autre professionnel. On peut donc affirmer que le silence du partenaire vaut, dans ce cas, refus de la demande, et donc refus de vente.

---

[141] TRISTAN, Jacques, « Refus de vente interdit ! Quand la politique de la concurrence œuvre à la réforme de la distribution », in *Gouvernement et action publique*, Presses de Sciences Po, 2016/4, Vol. 5, p. 48.

3°) Refus d'agrément en qualité de distributeur des produits d'une marque

Il arrive fréquemment que les fabricants de certaines marques de produits ne réservent la commercialisation desdits produits qu'à des distributeurs qu'ils agréent en fonction de critères objectifs qu'ils déterminent. Le fait de refuser, sans motif, d'agréer un distributeur remplissant tous les critères ainsi définis peut être considéré comme un refus de vente entre professionnels.

4°) Subordination de la satisfaction d'une demande aux conditions inhabituelles

C'est ici l'hypothèse où un distributeur qui formule une offre d'achat ou une demande de services se voit imposer des conditions nouvelles définies brusquement et unilatéralement par le fournisseur.

B. Dérogations

Le principe de l'interdiction du refus de vente est assorti de dérogations autorisant cette pratique en cas d'interdiction légale de vente, de mauvaise foi du demandeur, de caractère inhabituel de la demande ou d'indisponibilité du produit ou du service.

- L'interdiction légale de vente peut résulter de la règlementation de certaines ventes. C'est le cas, par exemple, de l'interdiction de la vente de produits pharmaceutiques sans une ordonnance médicale.

- La mauvaise foi du demandeur ne se présume pas ; elle doit être prouvée, et la charge de la preuve incombe à celui qui s'en prévaut. Selon la loi, la mauvaise foi du cocontractant susceptible de justifier le refus de vente peut être établie, notamment en rapportant la preuve que soit le cocontractant n'a pas rempli ses engagements lors d'une précédente commande (il n'a pas payé convenablement le prix convenu) ; soit qu'il a vendu les marchandises dans des conditions qui ne sont pas compatibles avec le prestige de leur image de marque (ce qui nuit au renom de la marque et cause un préjudice au fournisseur) ; soit encore que le cocontractant s'est livré, auprès de sa clientèle, à un dénigrement systématique de la marque du fournisseur. Il ne faut toutefois pas confondre le dénigrement avec les comparaisons naturelles effectuées par le cocontractant dans le cadre du conseil à la clientèle.

- Le caractère inhabituel : ce serait le cas si le partenaire commandait des quantités inhabituelles des produits.

- L'indisponibilité du produit ou du service est aussi une cause légitime. Le professionnel n'est pas obligé de renouveler le stock d'un produit lorsqu'il est épuisé.

Le fournisseur peut refuser d'approvisionner le demandeur qui ne remplit pas les conditions pour être agréé ou qui refuse de souscrire aux conditions que ce statut comporte, lorsque la demande est adressée à un producteur ou un fabricant qui a mis en place un réseau de distribution sélective ou exclusive, sous réserve que le réseau respecte les dispositions relatives aux prohibitions des pratiques anticoncurrentielles.

§3. Pratiques discriminatoires

La protection contre les pratiques discriminatoires « apparaît comme une expression spécifique du principe général d'égalité »[142]. C'est cette même égalité qui doit s'appliquer dans les rapports d'affaires tout en recherchant et en sauvegardant un certain équilibre des relations entre les partenaires économiques.

Lorsqu'un professionnel (producteur, distributeur ou prestataire de services) applique à l'égard d'un partenaire économique un traitement ou des conditions différentes de celles qu'il applique aux autres partenaires, il verse dans ce que la loi qualifie de pratiques discriminatoires. Ces pratiques peuvent se matérialiser par des clauses de différenciation entre les partenaires selon leur qualité ou leur qualification professionnelle. Tel serait le cas si un fournisseur appliquait à l'égard de ses partenaires des conditions tarifaires qui varieraient selon qu'ils seraient grossistes ou détaillants, ou selon toute autre considération non objective. La règle à observer est : « à quantités égales, prix égaux », indépendamment de toute autre

---

[142] MICHAUD, Cécile, « La preuve des discriminations en droit du travail », in *La Semaine Juridique Social*, n° 46, 13 novembre 2012, 1481, par. 1.

considération, en vue d'assurer aux distributeurs l'égalité d'accès au marché et donc une certaine égalité de chances pour tous. Les fournisseurs peuvent aussi pratiquer la discrimination en octroyant, par exemple, des remises confidentielles à quelques-uns seulement de leurs partenaires économiques, à l'exclusion des autres. Outre que de telles clauses confidentielles et conditions discriminantes transgressent la règle de la transparence du marché, elles créent également des distorsions de nature à fausser et à restreindre le jeu de la concurrence.

Relevons aussi qu'avec le développement de grandes centrales d'achat devenues très puissantes, le rapport de force n'est plus toujours en faveur de producteurs ou industriels. La relation de dépendance économique est, dans certains cas, renversée au profit de grandes centrales d'achat ou de référencement[143] qui peuvent ainsi imposer leurs conditions aux producteurs qui souhaitent voir leurs produits être référencés parmi ceux qui sont dans les surfaces de ces grandes centrales d'achat. Profitant de sa puissance et de sa force de pénétration du marché, une grande centrale peut boycotter les produits d'un fournisseur qui ne se soumettrait pas aux conditions qu'elle chercherait à lui imposer, et sélectionnerait pour sa surface les seuls produits de ceux qui rempliraient ces conditions de référencement. Le producteur retenu qui ne remplirait plus les conditions par la suite (paiement d'un droit d'accès au référencement, participation à la réfection d'un magasin ou à des opérations de concentration menées par la centrale, etc.) s'exposerait au déréférencement ou à une rupture pure et simple de ses relations commerciales[144].
Il semble important de souligner aussi que, dans le cadre des marchés publics, les pouvoirs adjudicateurs doivent être soumis à l'obligation de mise en concurrence des entreprises soumissionnaires pour l'efficacité de la commande publique et la bonne utilisation des deniers publics. Ils doivent également veiller à la sincérité des soumissions en imposant le respect, par les soumissionnaires, de l'obligation de délivrer une information sincère en vue d'éviter les

[143] Le référencement est un contrat par lequel une centrale d'achat ou un groupement d'achat (le référenceur) obtient d'un producteur (le référencé), des conditions générales de contrat favorables à ses adhérents, qui distribuent ses produits (p. 1578).
[144] ROCHFELD, Judith, *op. cit.*, p. 474 ; GLAIS, Michel, « Chronique de la concurrence - Les pratiques discriminatoires dans les relations fournisseurs-distributeurs », in *Revue d'économie industrielle*, Vol. 72, 2e trimestre, 1995, p. 81.

pratiques anticoncurrentielles (ententes sur les prix, répartition des marchés, constitution illicite de groupements …). Mais il faut également éviter toute connivence de l'acheteur public avec l'un quelconque des soumissionnaires de nature à favoriser ce dernier par des actes discriminatoires. L'égalité de traitement des soumissionnaires est d'ailleurs un des principes fondamentaux des marchés publics, et appelle l'application du principe de transparence tant au niveau précontractuel (avis d'appel public à la concurrence) qu'au niveau post-contractuel (avis d'attribution). L'objectif est de garantir d'égales chances d'accès aux marchés publics pour les opérateurs économiques. On soutient même que le fonctionnement concurrentiel des marchés publics, où sont en cause les deniers publics, devrait servir d'exemple aux autres marchés[145].

Nous pouvons donc emprunter cette définition qui, en un mot, présente les pratiques discriminatoires comme « celles qui ont pour objet de pratiquer à l'égard d'un partenaire ou d'obtenir de lui des prix, des délais de paiement, des conditions de vente ou des modalités de vente ou d'achat discriminatoires et non justifiées par des contreparties réelles »[146].

L'article 39 de la Loi organique n° 18-020 du 9 juillet 2018 relative à la liberté des prix et à la concurrence, qui interdit toute pratique discriminatoire de vente, énumère comme constitutifs de pratique discriminatoire de vente à l'égard d'un partenaire les faits d'obtenir de lui des prix abusifs (A), d'abuser d'une relation de dépendance (B), d'obtenir des conditions dérogatoires de manière illicite (C), de rompre abusivement des relations commerciales établies (D) et d'établir un réseau de distribution sélective ou de distribution exclusive (E).

---

145 LE MORHEDEC, Erwan, « Marchés publics et concurrence : liberté, égalité, transparence », in *Revue Lamy Droit des affaires,* octobre 2004, n° 75, pp. 15- 17 ; REIS, Patrice, *Concurrence entravée et concurrence excessive : Liberté d'accès au marché et le développement durable*, Droit, Université Nice Sophia Antipolis, 2008, pp. 17-18.
146 FRISON-ROCHE, Marie-Anne (Dir.), *op. cit.*, pp. 341-342.

A. Prix abusifs

Il y a pratique de prix abusifs lorsqu'un fournisseur propose ou consent de vendre à un de ses partenaires des produits ou des services à un prix anormalement bas par rapport à celui qui est pratiqué sur le marché par les concurrents, pour des produits identiques. Une telle vente est susceptible de conférer à l'acheteur un avantage concurrentiel évident sur ses concurrents.

B. Abus d'une relation de dépendance économique

Comme dit ci-dessus, il s'agit de l'attitude d'un professionnel qui profiterait de la relation de dépendance dans laquelle se trouverait un partenaire à son égard ou de sa puissance d'achat ou de vente pour le soumettre à des conditions commerciales ou des obligations injustifiées. On pourrait même aller plus avant pour considérer également que lorsqu'un acteur économique soumet ou tente de soumettre un partenaire à des obligations de nature à créer un déséquilibre significatif dans les droits et obligations des parties, l'abus de dépendance économique est caractérisé.

C. Obtention de conditions dérogatoires de manière illicite

Le fait pour un professionnel d'obtenir ou de tenter d'obtenir de la part de son cocontractant par des mécanismes dévoyés des conditions dérogatoires quant aux prix, aux délais de paiement, aux modalités de vente ou de prestation de service est une manifestation de cette pratique. Il en serait ainsi si un distributeur jouissant d'une grande puissance d'achat menaçait de rompre brutalement les relations commerciales avec un fournisseur si telle ou telle autre condition dérogatoire aux conditions normales d'achat ne lui était pas accordée par ce dernier. Tel serait aussi le cas des avantages obtenus par la voie de remises confidentielles.

D. Rupture abusive des relations commerciales établies

Précisons d'entrée de jeu que la notion de relations commerciales établies vise des relations commerciales assises sur un contrat du genre accord-cadre[147] ou contrat d'approvisionnement, ou, même en l'absence d'un tel contrat, des relations suivies. Ce qui exclut du champ d'application de ce concept, les relations précaires ou ponctuelles.

Est condamné à ce sujet, le fait de mettre fin, sans aucun motif valable, à une relation commerciale établie portant soit sur la fourniture d'un produit, soit sur une prestation de service. Deux cas de figure peuvent être envisagés. Le premier cas est celui de la rupture, sans motif valable, d'une relation commerciale établie à durée déterminée, avant le terme convenu. Le deuxième cas s'appliquerait à une relation commerciale établie à durée indéterminée, qui serait rompue brutalement, sans respecter la durée minimale de préavis convenue entre parties ou, à défaut de convention expresse entre parties, un préavis raisonnable, conforme aux usages professionnels. Il n'est pas nécessaire, pour que l'on parle de rupture abusive des relations commerciales établies, que la rupture soit totale ; une rupture partielle suffit.

E. Établissement d'un réseau de distribution sélective ou de distribution exclusive

L'établissement d'un réseau de distribution est une « pratique consistant, pour le titulaire d'une marque ou le fournisseur de produits et services, à organiser la distribution de ses produits par un faisceau de contrats l'unissant à des distributeurs indépendants, et pouvant le cas échéant unir ces distributeurs entre eux »[148]. On peut donc dire que les réseaux de distribution sont des structures organisées autour de chefs de file, pouvant être des producteurs ou des fournisseurs « bénéficiant d'une image favorable soutenue par une publicité intense et persuasive »[149], pour la commercialisation de produits ou services. C'est le cas, par exemple, des structures que les producteurs mettent en place pour la revente de leurs produits. Ces réseaux, qui tendent à se généraliser, comportent néanmoins le risque de fortes velléités

[147] Les contrats-cadres ou accords-cadres sont des accords définissant les règles à respecter dans la conclusion des contrats d'application qui en précisent les modalités d'exécution, étant entendu que la méconnaissance de ces règles peut entraîner la résiliation du contrat d'application.

[148] GUINCHARD, Serge et DEBARD, Thierry (dir.), *op. cit.*, p. 1633.

[149] COLLART DUTILLEUL, François et DELEBECQUE, Philippe, *op. cit.*, p. 983.

d'abus de dépendance économique, le fournisseur chef de file (producteur, prestataire de services, grossiste ou importateur) étant parfois tenté d'imposer d'importantes contraintes aux membres du réseau. De même, ils « suscitent la crainte d'une déstabilisation anticoncurrentielle des marchés et des abus de puissance économique »[150]. Comme le soulignent Jean-François Bellis et Nicolas Petit, la distribution, en tant qu'accord vertical liant des entreprises non-concurrentes parce que situées à des stades différents du circuit économique, ne peut certes pas distordre la concurrence entre les entreprises parties à l'accord (puisqu'il n'y a pas de concurrence entre elles), mais peut restreindre la concurrence entre l'une des parties à l'accord et un agent tiers, créant ainsi un risque d'entrave à la concurrence externe[151].

C'est ce qui justifie l'option du législateur congolais de règlementer les principales méthodes de ce système de distribution intégrée que sont la distribution sélective et la distribution exclusive. L'article 39 de la Loi organique n° 18-020 du 9 juillet 2018 relative à la liberté des prix et à la concurrence les reprend parmi les pratiques discriminatoires de vente interdites, mais il ne s'agit toutefois pas d'une interdiction absolue. En effet, la lecture combinée des articles 38, 39(5) et 43(9) de cette loi nous pousse à affirmer que ces pratiques ne sont interdites que si le réseau viole les dispositions relatives aux prohibitions des pratiques anticoncurrentielles.

Dans le cadre de la distribution sélective, les distributeurs ne jouissent pas d'une exclusivité, mais sont limitativement choisis par le fournisseur du produit à commercialiser au regard d'un certain nombre de critères qu'il détermine. Par ailleurs, les distributeurs ne s'engagent pas à ne vendre que le produit de ce fournisseur. Le contrat de distribution sélective est ainsi défini comme « celui par lequel un fournisseur s'engage à approvisionner dans un secteur déterminé un ou plusieurs commerçants qu'il choisit en fonction de critères objectifs de caractère qualitatif, sans discrimination et sans limitation quantitative injustifiées et par lequel le distributeur est autorisé à vendre d'autres produits concurrents»[152]. Le fournisseur choisit donc, pour des

[150] GUINCHARD, Serge et DEBARD, Thierry (dir.), *op. cit.*, p. 1633.
[151] BELLIS, Jean-François et PETIT, Nicolas, *op. cit.*, p. 40.
[152] COLLART DUTILLEUL, François et DELEBECQUE, Philippe, *op. cit.*, p. 1036.

produits de luxe ou de haute technicité dont il faut préserver le prestige et le renom, de n'approvisionner sur un territoire donné qu'un ou plusieurs distributeurs présentant certaines qualités (standing, chiffre d'affaires suffisant ou une bonne rotation des stocks, etc.). Par le fait même, il refusera de vendre à d'autres distributeurs ne présentant pas les qualités recherchées. Cette pratique est courante chez des fabricants qui souhaitent que leurs produits soient distribués dans de bonnes conditions afin de ne pas être confondus avec des produits ordinaires. Le refus de vente, on le sait, pose problème, mais cette pratique est parfois tolérée si, d'une part, la sélection est faite sur base de critères objectifs et sans discrimination par rapport aux distributeurs qui remplissent ces critères et d'autre part, si cette sélection est jugée nécessaire pour protéger les intérêts du fabricant (sauvegarder le prestige de l'image de marque de son produit) sans nuire à ceux des consommateurs.

La distribution exclusive a déjà été définie comme une distribution intégrée comportant des clauses d'exclusivité par lesquelles soit un distributeur s'engage à ne revendre que le produit de tel fournisseur ou à ne s'approvisionner qu'auprès de tel fournisseur, soit un fournisseur s'engage à n'approvisionner que tel distributeur dans un territoire donné. L'exclusivité peut aussi être réciproque et porter à la fois sur la fourniture et sur l'approvisionnement. Le problème avec la distribution exclusive est que, dans la mesure où elle repose sur un accord, elle ressemble parfaitement à une entente. Or, comme nous le verrons, l'entente n'est licite que si elle n'a pas pour objet de restreindre ou de fausser le jeu de la concurrence sur le marché. Ainsi, dès qu'un accord de distribution exclusive se comporte comme une entente illicite, elle viole les dispositions en rapport avec les pratiques anticoncurrentielles et doit être sanctionnée. Il n'en sera autrement que si la preuve peut être rapportée que les atteintes qu'elle impose à la concurrence sont nécessaires au progrès économique et qu'une partie substantielle de son résultat est équitablement répartie entre les intervenants. Par ailleurs, la Commission de la concurrence peut autoriser un contrat de distribution exclusive si, malgré ses atteintes à la concurrence, ce contrat a pour effet de garantir le progrès économique, la création et le maintien de l'emploi. En d'autres termes, la preuve doit être faite que ces atteintes « n'affectent pas indûment la concurrence ou sont indispensables pour réaliser des gains d'efficience qui compensent la restriction de concurrence »[153]. Les deux principales catégories de distribution exclusive sont la concession exclusive et la franchise.

Rappelons que la concession, qui est très utilisée par les fabricants de produits de masse pour écouler leurs produits dans de bonnes conditions et en surveiller la distribution à travers des réseaux de distribution, peut se définir comme un contrat « par lequel le titulaire d'une marque, ou concédant, s'engage sur un territoire donné à ne vendre qu'à son cocontractant, ou concessionnaire, qui s'oblige, en contrepartie à distribuer les biens concédés et uniquement ces biens, en respectant la politique commerciale définie par son partenaire »[154]. Son objet principal est donc l'exclusivité de la distribution des produits du concédant par le concessionnaire dans les conditions définies par le concédant, l'exclusivité pouvant être simple ou réciproque.

Quant à la franchise, c'est un contrat de collaboration et de distribution entre entreprises, par lequel une entreprise, appelée franchisée, se voit transmettre par une autre, appelée franchiseur, un savoir-faire ou se voit reconnaître le droit d'exploiter un système de commercialisation représenté par une marque ou une enseigne, ou encore se voit fournir des marchandises, moyennant l'engagement de payer une redevance pour le savoir-faire ou le système de commercialisation qu'elle s'oblige par ailleurs d'utiliser effectivement, ou de s'approvisionner chez le franchiseur, généralement avec une exclusivité de fourniture et d'approvisionnement.

Il semble que « les franchiseurs ont tendance à recourir à la franchise plutôt qu'à l'intégration verticale lorsqu'ils ne disposent pas des ressources nécessaires à leur développement »[155]. Dans tous les cas, ce type de contrat comporte de grands avantages. En effet, « il permet à un fabricant de mettre au point un réseau de distribution sous son nom

---

[153] BELLIS, Jean-François et PETIT, Nicolas, *op. cit.*, p. 43.
[154] COLLART DUTILLEUL, François et DELEBECQUE, Philippe, *op. cit.*, p. 999.
[155] BARTHELEMY, Jérôme, « Le choix de la franchise ou de l'intégration verticale : une étude empirique », in *Management international / Gestiòn Internacional /International Management*, *13* (4), 2009, p. 66.

ou sous sa marque sans avoir à supporter les coûts d'une installation, d'exploiter des connaissances sans engager de capitaux propres, tandis que le franchisé profite de l'expérience de son partenaire et dispose dès l'ouverture de son fonds d'une clientèle préconstituée. Quant au client, il a la certitude de trouver, en quelque lieu qu'il passe, la même qualité de produits et de services. Il gagne en tranquillité, ce qu'il perd en curiosité et en anticonformisme »[156].

Trois types de francises ont été distingués par la Cour de justice des communautés européennes :

- la franchise de service, par laquelle le franchisé offre un service sous l'enseigne, le nom commercial ou la marque du franchiseur, en se conformant aux directives de ce dernier ;

- la franchise de production, par laquelle le franchisé fabrique, lui-même, selon les indications du franchiseur, de produits qu'il vend sous la marque de celui-ci ;

- la franchise de distribution, par laquelle le franchisé se borne à vendre certains produits dans un magasin qui porte l'enseigne du franchiseur[157].

La franchise se distingue de la concession par deux éléments caractéristiques : « le franchiseur s'engage à transmettre un savoir-faire, ce qui implique une collaboration étroite entre les deux parties. Le franchisé est tenu de payer une redevance qui comprend un droit d'entrée et des sommes proportionnelles au chiffre d'affaires réalisé »[158]. D'où d'ailleurs l'obligation d'exploiter effectivement les droits lui reconnus pour garantir une redevance consistante.

[156] COLLART DUTILLEUL, François et DELEBECQUE, Philippe, *op. cit.*, p. 1021.
[157] FRISON-ROCHE, Marie-Anne, *op. cit.*, pp. 316-317.
[158] FRISON-ROCHE, Marie-Anne, *op. cit.*, p. 317.

Chapitre 3. Protection du marché

Au-delà des règles qui assurent la protection de l'entreprise par la sauvegarde de l'égalité et de la loyauté dans la compétition concurrentielle entre acteurs économiques, il y a celles dont la vocation est de protéger le marché lui-même en veillant à ce qu'aucun acteur économique ou groupe d'acteurs économiques ne compromette par son comportement la liberté de la concurrence.

La protection du marché est assurée par deux catégories de règles, qui constituent le droit de la concurrence au sens strict, à savoir : les règles relatives aux pratiques anticoncurrentielles (section 1) et celles relatives à la concentration économique (section 2).

Section 1. Prohibition des pratiques anticoncurrentielles

Les pratiques anticoncurrentielles, dont la prohibition a pour but de protéger le marché, sont jugées par rapport à leur effet sur le marché et ne sont sanctionnées que dans la mesure où elles ont eu pour objet ou pour effet de fausser la concurrence sur le marché. Elles ne sont donc pas sanctionnées *per se*, et ne peuvent l'être que sur la base de leurs effets. On cherchera toujours à savoir si elles ont eu ou non une incidence sur le marché en faussant ou en restreignant le libre jeu de la concurrence ; ce qui signifie que, pour leur répression, la preuve d'une atteinte à la concurrence est requise.

La loi entend justement par pratique anticoncurrentielle, « toute pratique qui aurait pour effet d'empêcher, de fausser ou de restreindre de manière sensible l'exercice de la concurrence au niveau du marché intérieur »[159], et fait obligation à tout opérateur économique « de respecter les règles du libre jeu de la concurrence afin qu'elle soit saine et loyale »[160]. Elle érige ainsi en infraction toute pratique tendant

---

[159] Art. 5-10 de la Loi organique n° 18-020 du 9 juillet 2018 relative à la liberté des prix et à la concurrence.

[160] Art. 28, al. 1er de la Loi organique n° 18-020 du 9 juillet 2018 relative à la liberté des prix et à la concurrence.

à faire obstacle, sous diverses formes, à l'évolution positive des lois du marché, et frappe de nullité les accords, conventions ou clauses contractuelles se rapportant aux pratiques anticoncurrentielles[161].

Sont considérées comme pratiques anticoncurrentielles par le législateur congolais, les ententes anticoncurrentielles (§1), les abus de position dominante (§2) et l'exploitation abusive de l'état de dépendance économique (§3)[162].

§1. Ententes anticoncurrentielles

L'entente est une collusion entre entreprises ayant pour objet ou pour effet de fausser ou d'entraver le jeu de la concurrence. En effet, « au lieu de se livrer à une lutte acharnée, il arrive fréquemment que les entreprises choisissent de se rapprocher… et de se faire la paix, qu'elles restreignent ou même suppriment la concurrence qu'elles se font entre elles ou qu'elles doivent affronter de la part des tiers […] »[163].

Après avoir examiné les éléments qui caractérisent une entente (A), nous nous intéresserons aux différents types d'ententes (B) et aux causes de justification des atteintes à la concurrence par les ententes (C).

A. Éléments caractéristiques d'une entente

L'entente suppose, pour être caractérisée, un concours de volontés entre entreprises (1°) dans le but de porter atteinte à la concurrence (2°). Mais notons, d'ores et déjà, que si d'après l'article 30 de la Loi organique n° 18-020 du 9 juillet 2018 relative à la liberté des prix et à la concurrence, les ententes anticoncurrentielles sont prohibées, cette prohibition n'est toutefois pas absolue puisque l'article 31 du même texte prévoit certaines causes de justification qui peuvent permettre l'autorisation d'ententes qui imposent des atteintes à la concurrence.

---

[161] Art. 28, al. 2 et 3 de la Loi organique n° 18-020 du 9 juillet 2018 relative à la liberté des prix et à la concurrence.

[162] Art. 29 de la Loi organique n° 18-020 du 9 juillet 2018 relative à la liberté des prix et à la concurrence.

[163] M. PEDAMON, *Droit commercial, commerçants et fonds de commerce, concurrence et contrats du commerce*, Dalloz, 1994, p. 400.

1°) Concours de volontés entre entreprises

La rencontre des volontés autonomes des parties à l'entente est un élément essentiel de cette pratique. La manière dont se manifeste l'aspect collusoire importe peu ; il suffit que soit établie la rencontre des volontés. La loi indique, à ce sujet, que « sont constitutives d'ententes anticoncurrentielles, les actions concertées, les conventions expresses ou tacites ainsi que les coalitions d'intervenants sur un marché »[164]. C'est dire que l'entente peut s'exprimer soit par un accord formalisé (convention expresse ou tacite, coalition) (a), soit par une simple pratique concertée (action concertée) (b).

a) Un accord formalisé

L'entente peut faire l'objet d'un accord formalisé, c'est-à-dire donner lieu à la conclusion d'un contrat ou même à la constitution d'un groupement qui en permet la mise en œuvre, tel qu'un groupement d'intérêt économique ou une société coopérative dont l'objet est de limiter la liberté commerciale de ses adhérents qui se trouvent en situation de concurrence[165]. Il n'est pas nécessaire que le contrat manifestant l'accord soit écrit ; il peut être verbal, même si dans ce cas la preuve n'est pas toujours très aisée à établir. Lorsqu'il est écrit, il peut revêtir la forme d'un écrit sous seing privé ou celle d'un acte authentique[166].

L'expression de la volonté ou l'acquiescement d'une partie à l'entente peut être tacite, mais doit exister car la rencontre des volontés autonomes est essentielle. Ainsi, par exemple, s'il est vrai que les réseaux de distribution sélective ou exclusive constituent nécessairement des ententes verticales, ils n'ont pas nécessairement un objet anticoncurrentiel. Par conséquent, le fait qu'une mesure anticoncurrentielle adoptée unilatéralement par un fournisseur s'intègre dans les relations contractuelles qu'il entretient avec les membres du réseau ne peut être considéré comme un accord si la preuve de l'acceptation expresse ou tacite de ceux-ci ne peut être

---

[164] Art. 30, dernier alinéa de la Loi organique n° 18-020 du 9 juillet 2018 relative à la liberté des prix et à la concurrence.
[165] LEHUEDE, Pascal, *op. cit.*, pp. 43-44.
[166] GRYNFOGEL, Catherine et MARTHAN, Jérémie, *op. cit.*, p. 33.

rapportée. On ne peut donc directement conclure à l'existence d'une entente anticoncurrentielle.

b) Pratique concertée

La pratique concertée est différente de l'accord formalisé, mais doit aussi être distinguée du comportement similaire ou parallèle, sans concertation. En effet, il se peut que dans un marché sur lequel peu de vendeurs opèrent, des modifications de prix uniformes et presque simultanées interviennent sans qu'il n'y ait eu aucune espèce de communication entre les vendeurs. De même, dans un marché sur lequel un même produit est proposé par peu de vendeurs, tous d'importance à peu près égale, on peut constater une tendance à l'interdépendance, au comportement parallèle conscient, mais sans concertation préalable. Il s'agit là d'un parallélisme de comportements qui ne procède pas d'une communication entre les vendeurs, mais des conditions de fonctionnement du marché qui sont telles qu'elles entraînent un alignement automatique des comportements.

Par contre, la pratique concertée est une sorte d'entente entre entreprises concurrentes qui se situe en deçà de l'accord proprement dit. David Flint soutient que cette sorte d'entente nécessite un minimum de communication expresse entre les parties, un minimum de concertation autour du comportement futur qui sera adopté par tous, et un minimum de garantie du respect de ce comportement par tous de manière à réduire l'incertitude sur le marché[167].

Catherine Grynfogel et Jérémie Marthan semblent ne pas partager totalement cet avis puisqu'ils affirment que la qualification de la pratique concertée n'exige pas que les parties aient « décidé à l'avance de leurs agissements à venir en se contentant d'adhérer, sciemment, à un système de collusion favorisant la coordination de leur comportement commercial. Il s'agit simplement d'une convergence d'intentions individuelles débouchant sur une pratique qui fausse le jeu de la concurrence »[168].

---

[167] FLINT, David, « Comportements parallèles conscients, et pratiques concertées (Comparaison du droit antitrust aux États-Unis, dans la Communauté économique européenne et en Australie) », in *Revue internationale de droit comparé*. Vol. 33 N°1, Janvier-mars 1981, pp. 33-38.
[168] GRYNFOGEL, Catherine et MARTHAN, Jérémie, *op. cit.*, p. 33.

Il a également été jugé, dans le même sens, par le Tribunal de première instance de l'Union européenne (TPI), qu'« il n'est donc pas nécessaire de démontrer qu'un opérateur économique s'est formellement engagé, à l'égard d'un ou de plusieurs autres, à adopter tel ou tel autre comportement ou que les concurrents ont fixé en commun leur comportement futur sur le marché. Il suffit que, à travers sa déclaration d'intention, l'opérateur économique ait éliminé, ou à tout le moins substantiellement réduit l'incertitude quant au comportement à attendre de sa part sur le marché »[169].

Il est cependant constant qu'une convergence d'intentions, un concours de volontés informel et une coordination de fait sont indispensables pour que la pratique concertée ne se confonde pas avec un simple parallélisme de comportements. Les parties ne vont certes pas jusqu'à conclure un accord formalisé ou à élaborer un plan commun d'action, mais décident sciemment d'adopter une coopération pratique entre elles pour éviter de s'exposer aux risques d'un marché concurrentiel.

La preuve de la pratique concertée n'est pas toujours aisée à rapporter d'autant plus que les parties cherchent souvent à dissimuler leur entente, mais elle devrait être fournie en établissant l'existence d'indices graves, précis et concordants d'une collusion entre entreprises autonomes ayant entraîné un comportement anticoncurrentiel sur le marché.

2°) Porter atteinte à la concurrence

Les accords et pratiques concertées entre entreprises peuvent avoir lieu sans donner lieu à une condamnation quelconque. Ils ne deviennent illicites au point d'être sanctionnés comme pratiques anticoncurrentielles que s'ils enfreignent les règles du libre jeu de la concurrence, c'est-à-dire s'ils tendent à faire obstacle, sous diverses formes, à l'évolution positive des lois du marché[170].

---

[169] TPI, 15 mars 2000, Cimenteries-CBR, aff. Jtes T-25/95 et a., cité par GRYNFOGEL, Catherine et MARTHAN, Jérémie, *op. cit.*, p. 33.

[170] Art. 28 de la Loi organique n° 18-020 du 9 juillet 2018 relative à la liberté des prix et à la concurrence.

L'effet anticoncurrentiel de l'entente, source de son illicéité, sera parfois jugé à l'aune du degré d'autonomie dont jouit chaque entreprise partie à l'entente sur le marché et dans la détermination de la politique qu'elle entend suivre sur ce marché. Dans une entente illicite, les parties n'ont pas suffisamment d'autonomie d'action sur le marché du fait de la réduction de l'incertitude sur celui-ci car chacune d'elles a une certaine certitude sur le comportement qui y sera suivi par les autres.

Le caractère anticoncurrentiel sera également apprécié par rapport à l'objet de l'entente. Celle-ci sera illicite si elle porte sur un objet anticoncurrentiel, et ce, indépendamment des effets qu'elle peut avoir sur le marché. Dès lors qu'il est établi que l'objet de l'entente est anticoncurrentiel, la question de ses effets sur la concurrence devient superfétatoire car ils en sont la conséquence logique. Il est, en effet, admis que les ententes dont l'objet est anticoncurrentiel « sont présumées porter atteinte, en elles-mêmes, au jeu de la concurrence. Si cet objet révèle un degré suffisant de nocivité, il n'est pas utile d'en rechercher les effets, qui sont présumés »[171]. C'est le cas, notamment, des ententes qui, d'après la loi[172], ont pour objet :

- de limiter l'accès au marché à d'autres acteurs économiques et le libre jeu de la concurrence ;

- de se répartir les marchés et les sources d'approvisionnements ;

- d'empêcher la fixation des prix par le libre jeu du marché en favorisant artificiellement la hausse ou la baisse des prix ;

- d'entraver la production, les débouchés, les investissements ou le progrès technique ;

- de fausser le résultat d'un appel d'offres en faisant concourir des filiales d'un même groupe, avec ou sans la société mère, en dissimulant leur appartenance au groupe.

---

171 GRYNFOGEL, Catherine et MARTHAN, Jérémie, *op. cit.*, p. 39.

172 Art. 30 de la Loi organique n° 18-020 du 9 juillet 2018 relative à la liberté des prix et à la concurrence.

Les pratiques ainsi énumérées par le législateur peuvent être considérées comme anticoncurrentielles par nature ou *per se*.

Mais des fois, le caractère anticoncurrentiel d'une entente sera tiré de ses effets, avérés ou potentiels, s'il n'existe pas suffisamment de preuves quant au caractère anticoncurrentiel de son objet.

L'intérêt de la distinction entre l'objet et l'effet de l'entente se situe au niveau de la preuve. Si la preuve de l'effet anticoncurrentiel est inutile lorsque l'entente a un objet anticoncurrentiel, cet effet étant présumé, en revanche le caractère anticoncurrentiel d'une entente résultant des effets sur le marché doit être prouvé de façon concrète. « La preuve passe donc par la détermination du marché en cause et par la recherche de l'incidence réelle de l'entente sur le fonctionnement de ce marché. Cette incidence doit être faite par comparaison avec la façon dont aurait joué la concurrence en l'absence de l'entente incriminée »[173].

Signalons enfin que la répression des ententes anticoncurrentielles ne devrait être pertinente que pour celles qui ont un effet sensible sur le marché, c'est-à-dire celles qui influencent ou sont susceptibles d'influencer de façon significative la concurrence sur le marché, à l'exclusion donc de celles dont l'impact sur le jeu de la concurrence est léger. Si telle devrait être l'option, la définition d'un seuil de sensibilité s'imposerait afin de garantir la sécurité juridique des parties aux ententes.

B. Types d'ententes

Les ententes anticoncurrentielles peuvent être catégorisées soit d'après la qualité des parties à l'entente (1°), soit d'après l'objet de celle-ci ou, plus largement, d'après la nature des restrictions de concurrence qu'elles opèrent sur le marché (2°). Une distinction peut aussi être faite entre les mauvaises et les bonnes ententes (3°).

---

173 BLAISE, Jean-Bernard et DESGORCES, Richard, *op. cit.*, pp. 305-306.

1°) Distinction d'après la qualité des parties à l'entente

Les règles prohibant les ententes anticoncurrentielles s'appliquent à toutes les entreprises, publiques comme privées, exerçant une activité économique de production, de distribution ou de prestation de services sur le marché. Selon la qualité des parties, l'entente peut être verticale (a) ou horizontale (b).

a) Entente verticale

Elle désigne un accord qui unit des entreprises qui ne se situent pas au même stade du circuit économique. L'exemple typique de ce genre d'accords est celui de la distribution intégrée ou des réseaux de distribution dont il a déjà été question.

Il n'existe certes pas de concurrence entre les parties à une entente verticale puisqu'elles ne se situent pas à un même niveau de la chaîne de production, mais le caractère anticoncurrentiel réside ici dans la restriction de la concurrence entre les entreprises parties à l'accord et les tiers à cet accord. C'est ce qui est qualifié de *restriction externe de concurrence*. Ainsi, par exemple, « un contrat d'exclusivité de vente limite la concurrence entre le concessionnaire de vente et les tiers, c'est-à-dire les autres revendeurs, car ceux-ci ne sont normalement pas en mesure de s'approvisionner en produits de la même marque auprès du fabricant »[174].

On le sait déjà, l'entente suppose une autonomie de décision de la part de chaque partie. Le degré de l'impact sur cette autonomie est d'ailleurs l'un des éléments d'appréciation du caractère anticoncurrentiel d'une entente. Ainsi se pose la question de savoir si cette notion peut être utilisée pour des entreprises qui appartiennent à un même groupe.de sociétés. Frédérique Chaput répond utilement à deux questions liées à cette problématique[175]. La première question est celle de savoir si des sociétés d'un même groupe de sociétés peuvent légitimement conclure entre elles des accords qui, s'ils étaient conclus

---

[174] BLAISE, Jean-Bernard et DESGORCES, Richard, *op. cit.*, p. 298.

[175] CHAPUT, Frédérique, « L'autonomie de la filiale en droit des pratiques anticoncurrentielles », in *Contrat-concurrence-consommation, Revue mensuelle Lexisnexis Jurisclasseur,* Janvier 2010, pp. 11-15. Les développements que nous faisons ici sont tirés de ce texte.

avec des tiers, seraient considérés comme des pratiques anticoncurrentielles. Par rapport à cette question, il est admis que si deux ou plusieurs sociétés, quoiqu'ayant chacune la personnalité morale, n'ont pas d'autonomie de décision sur le marché et sont toutes sous la dépendance économique de l'une d'entre elles, il ne saurait être fait application des règles relatives aux ententes anticoncurrentielles. On considère, en effet, que bien que constituant des personnes morales distinctes juridiquement, elles relèvent, sur le plan économique, d'une seule et même entreprise ou entité économique qui déploie un comportement unique sur le marché. On ne sera donc dans le champ d'application du droit des ententes anticoncurrentielles que si chacune des sociétés du groupe jouit, non seulement de l'autonomie juridique, mais aussi de l'autonomie de décision. Dans ce cas, les accords de nature anticoncurrentielle conclus entre elles seront considérés comme des pratiques anticoncurrentielles.

Il s'agit, en second lieu, de se demander justement si les pratiques anticoncurrentielles d'une entité membre d'un groupe de sociétés peuvent être imputées à une autre entité du groupe, lorsqu'on sait qu'une société qui commet un acte anticoncurrentiel doit en principe supporter seule les conséquences de cet acte. Pour répondre à cette question, il faut d'abord s'interroger sur le degré de contrôle exercé sur l'entité fautive (filiale) par toute autre entité du groupe auquel elle appartient (société mère ou une autre filiale), par-delà son autonomie juridique. S'il s'avère que, malgré sa personnalité morale et son autonomie juridique, une filiale est sous une dépendance et un contrôle économiques tels qu'elle n'a pas d'autonomie de décision et ne fait pratiquement qu'appliquer les décisions de la société mère ou d'une autre filiale du groupe, c'est à celle-ci que les pratiques anticoncurrentielles de ladite filiale pourraient être imputées. Il peut aussi arriver, quoique rarement, que les pratiques anticoncurrentielles de la société mère soient imputées à une autre entité du groupe, même dépourvue de personnalité morale, s'il est prouvé que le pouvoir de décision est décentralisé au profit de cette entité.

b) Entente horizontale

Les ententes horizontales sont des pratiques ou des « accords conclus entre des personnes ou des entreprises qui se trouvent sur le même palier ou stade de production du marché »[176], qui décident de coordonner leur comportement en vue de réaliser un but commun. Pour que l'entente soit horizontale, il faut donc qu'en plus de leur volonté d'agir en commun, les entreprises parties à l'accord soient, d'une part, juridiquement indépendantes et, d'autre part, des concurrents, réels ou potentiels, à l'égard du produit, objet de la transaction. Les accords peuvent porter, par exemple, sur la fixation de prix, la répartition du marché, les quotas de vente par zone géographique, ou le comportement à adopter face aux appels d'offres.

Un exemple d'entente horizontale est le cartel, forme élaborée de coopération horizontale entre entreprises indépendantes destinée à limiter la concurrence et à contrôler les conditions de vente d'un bien en s'accordant, notamment, sur la fixation de prix et la régulation de la production. Il est, selon les termes de Maurice Lamontagne, « formé par une association de plusieurs producteurs d'un même produit qui s'entendent pour poursuivre une même politique de prix et de production »[177]. Le cartel le plus connu est sans doute l'Organisation des pays exportateurs de pétrole (OPEP), organisation intergouvernementale internationale permanente, ayant son siège à Vienne, et qui a été créée en 1960 sur l'initiative de l'Arabie saoudite, de l'Iran, de l'Irak, du Koweït et du Venezuela. Elle est chargée de coordonner les politiques pétrolières des États membres. L'OPEP compte aujourd'hui quinze membres : l'Arabie saoudite, l'Iran, l'Irak, le Koweït, le Venezuela, le Qatar, la Libye, les Émirats arabes unis, l'Algérie, le Nigeria, l'Équateur, le Gabon, l'Angola, la Guinée équatoriale et le Congo. L'Indonésie, qui y a adhéré en 1962 et qui a suspendu son adhésion en janvier 2009, a réintégré l'Organisation en juin 2016 pour suspendre de nouveau son adhésion en novembre 2016.

2°) Distinction d'après la nature des restrictions de concurrence

La liste légale des ententes pouvant être considérées comme anticoncurrentielles, telle que reprise ci-dessus, n'est pas exhaustive.

---

[176] DIAWARA, Karounga, « La réforme du droit des ententes anticoncurrentielles : aperçu du domaine du nouveau régime hybride à double volet », in *Bulletin de droit économique*, Volume 1, Numéro 3 (Automne 2010), p. 24.
[177] LAMONTAGNE, Maurice, « Les cartels et l'arbitrage des prix », in *Relations industrielles / Industrial Relations*, *5* (7), p. 63.

Elle peut, cependant, permettre de reconnaître différentes sortes d'ententes anticoncurrentielles du point de vue de la nature des restrictions de concurrence qu'elles imposent sur le marché et de les regrouper en deux principales catégories, à savoir : celles qui tendent à supprimer la concurrence entre les parties (a) et celles qui sont destinées à évincer les entreprises non parties à l'accord (b).

a) Ententes visant la suppression de la concurrence entre les entreprises parties à l'accord

Relèvent de cette catégorie :

- la répartition de marchés et des sources d'approvisionnements (se répartir les marchés et les sources d'approvisionnements).

- les ententes sur les prix (empêcher la fixation des prix par le libre jeu du marché en favorisant artificiellement la hausse ou la baisse des prix).

b) Ententes destinées à évincer les entreprises non parties à l'accord

Font partie de cette catégorie :

- la limitation de l'accès au marché et du libre jeu de la concurrence (limiter l'accès au marché à d'autres acteurs économiques et le libre jeu de la concurrence).
- l'entrave à la production, aux débouchés (entraver la production, les débouchés, les investissements ou le progrès technique).

- le fait de fausser le résultat d'un appel d'offre (fausser le résultat d'un appel d'offres en faisant concourir des filiales d'un même groupe, avec ou sans la société mère, en dissimulant leur appartenance au groupe).

3°) Distinction entre mauvaises et bonnes ententes[178]

Les mauvaises ententes sont celles qui ont pour objet ou peuvent avoir pour effet de supprimer ou de restreindre la concurrence sur un

[178] Voir FRISON-ROCHE, Marie-Anne, *op. cit.*, p. 349.

marché en recourant à des pratiques anticoncurrentielles (répartition du marché, accord sur des prix illicites, limitation de l'accès au marché, etc.). Ce sont ces ententes qui doivent être condamnées et sanctionnées.

Les bonnes ententes comprennent, d'une part, celles dont les termes ne révèlent aucune intention de fausser le libre jeu de la concurrence et dont l'exécution ne donne lieu à aucun risque de restriction ou de suppression de la concurrence sur le marché ; elles sont donc conformes à l'intérêt général et contribuent au progrès économique, et d'autre part, les ententes qui sont en principe anticoncurrentielles mais qui deviennent licites parce qu'elles ont été autorisées par la Commission de la concurrence du fait que leurs auteurs ont pu justifier qu'elles ont pour effet de garantir le progrès économique, la création et le maintien de l'emploi et qu'une partie substantielle de leur résultat est équitablement répartie entre les entreprises concernées et les consommateurs..

C. Causes de justification des atteintes à la concurrence par les ententes

Le législateur a prévu une hypothèse où il peut être dérogé à la prohibition des ententes portant atteinte à la concurrence. Cette dérogation concerne les ententes dont les auteurs justifient qu'elles ont pour effet de garantir le progrès économique, la création et le maintien de l'emploi.

Il faut d'abord préciser que la dérogation n'est pas automatique : elle doit être autorisée par la Commission de la concurrence. L'autorisation est préalable et est sollicitée dans les conditions déterminées par décret du Premier ministre délibéré en Conseil des ministres. Ce décret devra faire partie des mesures d'application de la loi qui devront être prises dans les meilleurs délais. En tout état de cause, les requérants devront justifier que leur entente, bien qu'anticoncurrentielle, comporte des effets économiques et sociaux positifs dans la mesure où elle peut assurer le progrès économique ainsi que la création et le maintien de l'emploi. Il s'agit donc d'une justification par le progrès économique et social.

L'autorisation ne suffit pas pour faire avaler les atteintes que cette entente aura effectivement imposées à la concurrence. Il faudra encore que deux conditions soient remplies. La première consiste à démontrer, a posteriori, que ces atteintes ont réellement servi au progrès économique et que l'entente anticoncurrentielle était indispensable pour atteindre cet objectif qui ne pouvait pas l'être par un autre moyen moins dommageable pour la concurrence. Ce qui suppose la réalisation d'un bilan économique qui devra permettre de mettre en balance les inconvénients de l'entente (atteintes à la concurrence) et ses avantages (progrès économique) et d'établir la supériorité des avantages aux inconvénients. La deuxième condition est le partage équitable d'une partie substantielle du résultat ou des effets bénéfiques obtenus grâce à ces atteintes aux différents intervenants, c'est-à-dire les professionnels et les consommateurs.

En clair, les atteintes à la concurrence résultant d'ententes anticoncurrentielles non autorisées par la Commission de la concurrence sont automatiquement sanctionnées, tandis que celles qui résultent d'ententes autorisées sont appréciées par rapport à leur contribution au progrès économique et à la manière dont le bénéfice qu'elles ont engendré est réparti entre les intervenants. Elles sont exonérées si la preuve est rapportée qu'elles sont nécessaires au progrès économique et qu'une partie substantielle de leur résultat est équitablement répartie entre les intervenants. Dans le cas contraire, elles sont sanctionnées comme toutes les atteintes à la concurrence. La charge de la preuve incombe aux parties à l'entente.

Le progrès économique peut être constaté, notamment à travers l'amélioration des modes de distribution avec la qualité du service rendu aux consommateurs, des gains de productivité, la création ou le maintien d'emplois.

Le partage du résultat suppose, quant à lui, que les entreprises partie ne doivent pas être les seules bénéficiaires de ce résultat. Il doit aussi être bénéfique pour les consommateurs, par exemple en termes de baisse des prix, d'amélioration de la qualité du service rendu ou encore d'accès à de nouveaux produits[179].

---

[179] LEHUEDE, Pascal, *op. cit.*, pp. 60-61.

§2. Abus de position dominante

C'est l'une des pratiques abusives par lesquelles les entreprises tentent, en usant de leur puissance économique, d'empêcher, de restreindre ou de fausser le jeu de la concurrence sur le marché.

La position dominante peut être présentée comme une situation de force ou de puissance économique détenue par une entreprise ou un groupe d'entreprises, et qui est telle qu'elle lui donne la possibilité d'influencer, par diverses pratiques, le marché au point de faire obstacle au maintien d'une concurrence effective sur ce dernier. C'est dans ce sens que la loi la définit comme « le fait pour une entreprise ou un groupe d'entreprises d'occuper une situation de monopole de fait[180] ou légal[181] ou de disposer d'un avantage concurrentiel tel qu'il a le pouvoir de faire obstacle au maintien de la concurrence effective sur le marché, en raison de sa force économique, financière ou technologique »[182].

Il ne faut pas nécessairement que l'entreprise concernée soit en situation de monopole, légal ou de fait, pour que l'on parle de position dominante et que les dispositions relatives aux abus de position dominante soient appliquées. Il suffit qu'elle possède une part de marché extrêmement importante. La position dominante peut aussi résulter, même pour une entreprise qui ne possède pas une part écrasante de marché, d'autres critères qui, cumulés ou non avec une part de marché relativement importante, peuvent conduire au même résultat. Ce serait, par exemple, une avance technologique, une supériorité naturelle dans la gestion, l'importance et la notoriété de ses marques commerciales, les barrières à l'accès au marché, l'accès aux sources de financement, etc.

---

[180].Le monopole de fait est la situation économique dans laquelle le jeu de la libre concurrence n'existe pas en raison de l'extrême puissance d'une entreprise ou un groupe d'entreprises qui domine et dicte ses conditions dans le marché (art. 5-7 de la Loi organique n° 18-020 du 9 juillet 2018 relative à la liberté des prix et à la concurrence).

[181] Le monopole légal est le droit exclusif d'exploitation d'un service, d'un produit ou d'un titre établi en vertu d'une loi (art. 5-8 de la Loi organique n° 18-020 du 9 juillet 2018 relative à la liberté des prix et à la concurrence).

[182] Art. 5-9 de la Loi organique n° 18-020 du 9 juillet 2018 relative à la liberté des prix et à la concurrence.

Ce n'est pas la position dominante en tant que telle ou l'asymétrie des positions des entreprises sur le marché qui est condamnée, puisqu'il s'agit là d'une donnée économique ; c'est plutôt l'exploitation abusive par celles-ci de leurs positions qui est prohibée car elle peut être très préjudiciable aux entreprises et aux consommateurs. Comme le souligne la Conférence des Nations Unies sur le commerce et le développement (CNUCED), « l'intervention des autorités de la concurrence contre un abus de position dominante peut contribuer à la réalisation des objectifs de développement en facilitant l'accès aux produits et en aidant les entreprises à mieux fonctionner, notamment les petites et moyennes entreprises (PME). Elle peut aussi aider à atteindre des objectifs précis: réduction de la pauvreté, accès accru aux services de santé et stimulation de l'économie »[183]. En prohibant l'abus de position dominante, on vise non seulement le bon fonctionnement de la concurrence, mais aussi à garantir les intérêts des consommateurs et le progrès économique.

Le législateur congolais définit l'abus de position dominante comme « le fait pour une entreprise ou un groupe d'entreprises d'occuper une position sur un marché ou une partie substantielle de celui-ci, afin de tirer profit de sa position »[184], et dispose que « sont interdits les abus de position dominante sur le marché intérieur »[185]. Il dresse, à cet effet, une liste des pratiques constitutives d'abus de position dominante sur le marché intérieur[186] qui reprend, de manière non exhaustive, le refus de vente (A), la vente subordonnée (B), les conditions discriminatoires de vente (C), et la rupture abusive des relations commerciales établies (D). A cette énumération, nous pouvons ajouter une autre pratique très courante, celle des prix prédateurs (E).

---

[183] Conférence des Nations Unies sur le commerce et le développement, *L'abus de position dominante*, Rapport du secrétariat de la CNUCED, Conseil du commerce et du développement, Commission de l'investissement, de la technologie et des questions financières connexes Groupe intergouvernemental d'experts du droit et de la politique de la concurrence, Neuvième session, Genève, 15-18 juillet 2008, Point 3 a) de l'ordre du jour provisoire, p. 3.

[184] Art. 5-1 de la Loi organique n° 18-020 du 9 juillet 2018 relative à la liberté des prix et à la concurrence.

[185] Art. 32, al. 1er de la Loi organique n° 18-020 du 9 juillet 2018 relative à la liberté des prix et à la concurrence.

[186] Art. 32 de la Loi organique n° 18-020 du 9 juillet 2018 relative à la liberté des prix et à la concurrence.

A. Refus de vente

Il a déjà été question de cette pratique en tant que pratique restrictive et ses modes d'expression. C'est le fait de refuser, sans motif légitime, la vente d'un produit ou la prestation d'un service à un acteur économique ou à un consommateur.

Il est vrai qu'un professionnel peut refuser de vendre son produit ou de prester un service à une ou plusieurs entreprises dans certains cas autorisés par la loi. Mais, s'il n'est justifié par aucune cause légitime, le refus de vente peut constituer une pratique restrictive de concurrence tel que nous l'avons déjà vu. Elle peut aussi être une pratique anticoncurrentielle si elle fausse le jeu de la concurrence sur le marché. Dans le cadre des pratiques anticoncurrentielles, et plus précisément des abus de position dominante, elle priverait certains acteurs économiques de possibilité d'approvisionnement d'un produit, le fournisseur en position dominante sur le marché de ce produit refusant de les admettre sur la liste de ses partenaires commerciaux ou les en ayant exclus pour des raisons non objectives.

B. Vente subordonnée

Par cette pratique, appelée aussi vente liée, l'entreprise lie la vente de son produit, pour lequel elle est dominante sur le marché, à celle d'un autre produit distinct du premier et en fixe un prix global afin d'obliger les consommateurs d'acheter les deux produits à la fois, les consommateurs n'ayant pas la possibilité d'acheter le premier produit sans le second. Outre le fait que cette pratique peut être utilisée par l'entreprise pour contourner la règlementation des prix, elle peut aussi être un moyen pour elle d'exclure des concurrents du marché du second produit.

La subordination peut aussi consister à imposer à l'acheteur une quantité minimale ou un nombre de produits supérieur à ce qu'il souhaite, par exemple l'achat d'une gamme complète de produits alors qu'il n'a besoin que d'un produit spécifique, ou encore à lier l'achat d'un produit à celui d'un service déterminé. Il peut aussi s'agir de subordonner la prestation d'un service à celle d'un autre service concomitamment ou à l'achat d'un produit déterminé.

Le risque, avec cette pratique, est celui de créer un verrouillage éventuel du marché du produit ou du service lié et d'entraver la vente de ce produits ou service par les entreprises concurrentes. Ce qui a pour effet de limiter la concurrence. Elle crée aussi des barrières à l'entrée au marché pour les entreprises qui n'offrent pas d'acheter les quantités imposées ou des gammes complètes de produits.

C. Conditions discriminatoires de vente

Une entreprise peut abuser de sa position dominante par des pratiques discriminatoires envers ses partenaires. Celles-ci consistent à soumettre les partenaires à de traitements différents concernant notamment les prix, les délais de paiement, les conditions de vente ou d'achat. Ainsi, un fournisseur peut accorder à certains partenaires des remises ou des ristournes qu'il n'accorde pas à d'autres qui achètent dans les mêmes conditions, ou une réduction de prix à certaines catégories de partenaires, ou encore des délais de paiement dont ne bénéficient pas les autres partenaires. Ces genres de pratiques sont souvent le fait des fournisseurs en position dominante.

La règle ici est que l'avantage accordé à l'un ou l'autre partenaire à l'exclusion des autres doit être justifié et non discriminatoire. Le fait de soumettre les partenaires à des traitements différents n'est pas discriminatoire en soi. Il ne le sera que si la différence de traitement n'est pas justifiée par des motifs légitimes. La pratique discriminatoire peut, nous l'avons vu, constituer un acte de concurrence déloyale ; mais elle peut aussi dégénérer en abus de position dominante.

D. Rupture abusive des relations commerciales établies

Notons que les relations commerciales établies, c'est-à-dire suivies, stables et continues, peuvent toujours être rompues même sans préavis lorsque des motifs légitimes l'autorisent : inexécution fautive par le cocontractant de ses obligations contractuelles, force majeure ... La rupture sera abusive si elle ne repose sur aucun motif valable ou intervient brutalement, sans un préavis suffisant.

Cette pratique a été analysée dans le cadre des pratiques restrictives et consistera, à ce niveau en tant qu'acte d'abus de position dominante, dans le fait pour une entreprise en situation de position dominante, de mettre fin brutalement, sans aucun motif valable, à une relation commerciale établie portant soit sur la fourniture d'un produit, soit sur une prestation de service, et généralement au seul motif que le partenaire concerné refuse de se soumettre à des conditions commerciales injustifiées.

E. Pratique de prix prédateurs

Cette pratique consiste à fixer des prix temporairement faibles, en sacrifiant des profits ou même en s'imposant des pertes à court terme, dans le but d'évincer ou d'empêcher l'accès au marché de concurrents faibles incapables de s'aligner durablement sur de tels prix. Une fois que la concurrence aura été éliminée, l'auteur de la pratique se retrouvera en situation de position dominante (monopole ou quasi-monopole) qui lui permettra de rehausser le prix et récupérer ses pertes, et même réduire la qualité de ses produits.

Deux mécanismes peuvent être associés à la pratique des prix prédateurs : le prix abusivement bas et la revente à perte.

- Les prix abusivement bas sont des prix inférieurs aux coûts de production, de transformation et de commercialisation des produits. La vente à un prix abusivement bas est ainsi définie comme la « vente à un prix anormalement bas par rapport à celui pratiqué sur le marché par les concurrents »[187], pour des produits identiques, sans nécessairement constituer une vente à perte. C'est l'intention de l'entreprise appliquant une telle pratique qu'il faut analyser pour conclure à une prédation ou non, étant donné que cette pratique peut avoir des motivations légitimes, étrangères à l'élimination de la concurrence sur le marché. Elle peut être liée notamment à une réduction de la demande du produit, à une réduction des coûts de production, au lancement d'un nouveau produit, etc. La pratique des prix abusivement bas n'est donc sanctionnée que si elle a pour objet ou peut avoir pour effet d'éliminer ou d'empêcher l'accès au marché à une entreprise ou à l'un de ses produits

[187] GUINCHARD, Serge et DEBARD, Thierry (dir.), *op. cit.*, p. 1481.

- Rappelons que la vente à perte est la « vente d'un produit en l'état à un prix inférieur à son coût d'achat »[188] et qu'elle est interdite, sauf les dérogations prévues par la loi[189]. Le seuil en dessous duquel on tombe dans la pratique de la vente à perte est le prix d'achat effectif du produit.

§3. Exploitation abusive de l'état de dépendance économique

Aux termes de l'article 33 de la Loi organique n° 18-020 du 9 juillet 2018 relative à la liberté des prix et à la concurrence, « une entreprise est en état de dépendance économique lorsqu'elle ne peut s'approvisionner, en raison des caractéristiques des liens commerciaux, en produits substituables dans les conditions normales d'acquisition auprès d'un autre fournisseur. Est également en état de dépendance économique, un fournisseur qui ne peut trouver un distributeur, en raison des caractéristiques des liens commerciaux, dans les conditions équivalentes ».

En d'autres termes, l'état de dépendance économique signifie l'impossibilité dans laquelle se trouve une entreprise de trouver un autre cocontractant ou d'autres cocontractants qui puissent lui garantir des conditions comparables à celles que lui offre son actuel cocontractant au point de vue technique et économique. Il lui est donc impossible de développer, avec un autre cocontractant, une relation commerciale qui lui permette de fonctionner dans des conditions techniques et économiques identiques à celles que lui offre son partenaire actuel, en raison, par exemple, d'une clause d'exclusivité ou de la position dominante de ce partenaire sur le marché. L'absence de solution équivalente doit donc être démontrée et constitue un élément fondamental pour caractériser l'état de dépendance économique. Vu sous cet angle, un distributeur peut être sous la dépendance économique d'un fournisseur ; mais l'inverse est aussi possible. Ce sont d'ailleurs ces deux hypothèses qu'évoquent les dispositions de l'article 33 reprises ci-dessus.

---

[188] Art. 5-18 de la Loi organique n° 18-020 du 9 juillet 2018 relative à la liberté des prix et à la concurrence.

[189] Art. 18 de la Loi organique n° 18-020 du 9 juillet 2018 relative à la liberté des prix et à la concurrence.

L'état de dépendance économique comporte de gros risques liés à la fragilité des liens d'affaires. Une entreprise peut disparaître par le simple fait que le partenaire dont elle dépend économiquement a rompu les relations commerciales avec elle. Il faut insister sur le fait que la dépendance économique est une notion objective liée à l'absence avérée de solutions alternatives équivalentes et non seulement aux mauvais choix stratégique opérées par l'entreprise qui déclare qu'elle est en situation de dépendance.

Il y aurait abus de dépendance économique si une entreprise profitait de la relation de dépendance dans laquelle elle tient une autre ou de sa puissance sur le marché pour lui imposer des conditions commerciales injustifiées qu'elle ne lui aurait pas imposé en l'absence de cette dépendance, et si ce comportement est susceptible d'affecter le fonctionnement ou la structure de la concurrence sur le marché. Il faut donc, pour que l'abus de dépendance économique existe, que le comportement incriminé soit de nature à entraver la concurrence en affectant son fonctionnement ou sa structure.

En bref, trois conditions cumulatives sont nécessaires pour qu'il y ait abus de dépendance économique : une situation de dépendance économique, une exploitation abusive de cette situation, une affectation potentielle ou avérée, mais sensible, du fonctionnement ou de la structure de la concurrence sur le marché. En outre, il faut établir un lien de causalité entre la situation de dépendance et la pratique incriminée, en ce sens que l'exploitation abusive doit être réalisée par l'utilisation de l'état de dépendance.

Section 2. Contrôle des concentrations économiques

Alors que le droit des pratiques anticoncurrentielles agit sur les comportements, celui des concentrations agit sur les structures. Les concentrations trouvent leur origine dans la concurrence. Chaque acteur économique, sur un marché concurrentiel, vise à gagner toujours des parts de marché pour être plus compétitif que ses concurrents. C'est ce qui conduit au phénomène de la concentration. Lorsque celle-ci a lieu sur un marché en pleine expansion, elle ne constitue pas a priori un danger pour la concurrence puisque tout acteur économique peut gagner des parts de marché sans nuire à ses concurrents. Elle devient, par contre, dangereuse si le marché est saturé car, dans ce cas, les entreprises peuvent être tentées de recourir à des manœuvres illicites de concurrence qui auraient pour effet de tuer la concurrence, étant donné que « toute progression des parts de marché des uns se fait au détriment des concurrents »[190]. C'est dans ce contexte d'ailleurs que le phénomène de concentration risque de conduire au monopole. D'où l'importance des instruments de contrôle des restrictions de concurrence.

Il faut bien voir que les concentrations ne sont pas toujours opposées au bien-être économique. Au contraire, elles peuvent parfois contribuer plus efficacement à l'accroissement de la productivité et à l'innovation technologique, et doivent surtout être encouragées lorsqu'elles renforcent la compétitivité internationale des entreprises nationales sans nuire à l'intérêt général.

§1. Notion de concentration économique

Le législateur n'a pas véritablement défini la concentration économique ; il s'est contenté d'indiquer les critères auxquels une concentration peut être reconnue. En effet, aux termes de l'article 48 de la Loi organique n° 18-020 du 9 juillet 2018 relative à la liberté des prix et à la concurrence, « la concentration économique résulte de tout acte ou autre moyen, quelle qu'en soit la forme, qui confère seul ou conjointement et compte tenu des circonstances de fait ou de droit, la possibilité d'exercer un contrôle ou une influence déterminante sur une ou plusieurs autres entreprises notamment par : 1. le transfert de propriété ou de jouissance sur tout ou partie de biens, droits et obligations d'une entreprise ; 2. la création d'une entreprise commune ; 3. les droits ou contrats qui assurent une influence sur la composition, les délibérations ou les décisions des organes d'une entreprise ou d'un groupe d'entreprises ».

Nous retiendrons cette définition de Roger Masamba pour qui « la concentration est une opération (ou un acte) juridique qui, sous une forme ou une autre, *modifie le patrimoine d'une entreprise ou attribue à une entreprise ou à un groupe d'entreprises suffisamment d'influence* pour être à même de contrôler, de diriger ou d'orienter la gestion ou le fonctionnement d'une ou de plusieurs autres

[190] BOY, Laurence, *op. cit.*, p. 10.

entreprises »[191]. En des termes un peu différents, mais qui convergent avec la définition ci-dessus, Jean-Bernard Blaise et Richard Desgorces estiment que « la concentration consiste en un regroupement d'entreprises entraînant une modification durable des structures de marché, une perte de l'indépendance des différentes entreprises regroupées et un renforcement du pouvoir économique de l'ensemble »[192]. Et pour le Lexique des terme juridiques, il s'agit d'une opération juridique tendant à créer une unité de décision entre des entreprises soit par la création de liens structurels modifiant l'identité juridique des entreprises intéressées, soit par la création de liens financiers laissant subsister l'indépendance juridique des entreprises en cause[193].

De ces différentes définitions, il se dégage que cette opération, qui est à situer dans la logique d'extension du pouvoir des entreprises, consiste, par le regroupement d'entreprises sous une même direction ou le contrôle direct ou indirect de l'une d'elles, à modifier la taille de celles-ci et à accentuer le poids relatif et le pouvoir de marché de l'ensemble.

Le phénomène de la concentration tend à faire disparaître le marché de la concurrence parfaite, caractérisé par l'atomicité, au profit de structures oligopolistiques, voire monopolistiques, menant à une concurrence imparfaite, par le fait qu'il regroupe et accroît le pouvoir économique des entreprises concernées. Il a, comme effet, de laisser une part importante de marchés entre les mains d'un nombre de plus en plus restreint d'entreprises de grande taille ou de groupes caractérisés par l'unité du pouvoir de décision et d'organisation.

A travers le processus de concentration, les parties prenantes chercheraient en fait à éliminer la concurrence ou, à tout le moins, à l'affaiblir. Il y a donc de la part des entreprises qui s'engagent dans la voie de la concentration, comme une volonté de faire obstacle à la concurrence. D'où la nécessité de mettre en place des mécanismes de contrôle des opérations de concentration, afin de préserver la concurrence sur le marché en interdisant, sur base d'un bilan

---

[191] MASAMBA MAKELA, Roger, *Droit économique congolais*, précité, p. 41.
[192] BLAISE, Jean-Bernard et DESGORCES, Richard, *op. cit.*, p. 345.
[193] GUINCHARD, Serge et DEBARD, Thierry (dir.), *op. cit.*, p. 435.

concurrentiel et d'un bilan économique, les opérations de concentration susceptibles d'avoir des effets anticoncurrentiels non compensés par des effets positifs en termes d'efficacité ou de progrès économique. L'objectif est de veiller à ce que les opérations de concentration se réalisent sans porter atteinte à la concurrence et sans nuire aux intérêts et au bien-être des consommateurs sur le long terme.

§2. Typologie des concentrations

La classification des concentrations peut se faire en se basant soit sur l'objectif poursuivi par l'opération de concentration (A), soit sur la forme de concentration qui en résulte (B), soit encore sur l'espace géographique sur lequel elle se réalise (C).

A. Classification d'après l'objectif poursuivi

De ce point de vue, la concentration peut être horizontale (1°), verticale (2°) ou conglomérale (3°).

1°) Concentration horizontale

La concentration horizontale est celle qui se réalise par le regroupement d'entreprises concurrentes, situées au même niveau du circuit économique et ayant une activité semblable. Deux ou plusieurs entreprises de même nature, produisant des biens substituables, peuvent ainsi s'unir soit pour ne faire qu'une seule entreprise plus forte sur le marché, soit pour créer un groupement d'entreprises autonomes ayant choisi de se soumettre à certaines directives économiques fondamentales uniques.

Un tel regroupement permet de supprimer ou de limiter la concurrence et d'établir un monopole ou une situation de position dominante en réalisant des gains de part de marché. Il permet aussi d'obtenir des économies d'échelle en gagnant sur les coûts d'investissement et de recherche.

2°) Concentration verticale

Elle regroupe des entreprises de branches complémentaires, situées à des étapes différentes du circuit économique (fournisseurs et distributeurs) ou des entreprises dont les unes utilisent les produits des autres, c'est-à-dire des entreprises qui fabriquent des produits dérivés les uns des autres, et qui donc sont liées par des relations réciproques de vendeur à acheteur. Lorsqu'elle se combine avec une concentration horizontale, la concentration verticale peut conduire à l'exclusion des concurrents, des débouchés et des sources d'approvisionnement[194].

L'objectif est la complémentarité en vue de se garantir une certaine sécurité :

- soit s'assurer un approvisionnement régulier en matières premières sans courir le risque d'être à court de celles-ci. C'est le contrôle de ses fournisseurs ;

- soit s'assurer un écoulement facile de la production. C'est le contrôle de ses distributeurs.

3°) Concentration conglomérale

C'est le regroupement d'entreprises ayant des activités différentes et intervenant dans des branches n'ayant pas de relations entre elles. Le but qu'elle poursuit est de conquérir de nouveaux marchés en les diversifiant ; mais aussi, à travers cette diversification, de minimiser les risques en les répartissant sur différentes branches.

B. Classification d'après la forme de concentration

La concentration peut prendre la forme d'un monopole (1°) ou d'un oligopole (2°).

1°) Monopole

C'est la situation économique dans laquelle se trouve une entreprise qui est seule et sans concurrente sur un marché. Nous avons déjà vu que le monopole peut être légal en tant que privilège d'exploitation

---

194 REBOUD, Louis, « Dimension des entreprises, concentration et concurrence, in *L'Actualité économique*, Revue d'analyse économique, Volume 42, numéro 3, octobre–décembre 1966, p. 451.

exclusive accordé à une entreprise, publique ou privée, par une loi ; il peut aussi être de fait, généralement lorsqu'une entreprise très puissante arrive à éliminer ou à dissuader toute concurrence sur un marché.

On fait parfois une distinction entre le monopole, qui est la situation dans laquelle un seul producteur se trouve en face de plusieurs acheteurs, et le monopsone, qui met un seul acheteur en face de plusieurs producteurs.

2°) Oligopole

L'oligopole est une structure de marché caractérisée par la présence d'un nombre restreint d'entreprises concurrentes. Il y a concurrence, mais seulement entre un petit nombre d'entreprises.

On réserve parfois le terme oligopole à la situation dans laquelle on a d'un côté un faible nombre d'offreurs et de l'autre côté un grand nombre de demandeurs, tandis que le terme oligopsone est utilisé quand un grand nombre d'offreurs se disputent un petit nombre de demandeurs.

C. Classification d'après l'espace géographique

On peut, d'après l'espace géographique, faire une distinction entre la concentration nationale (1°) et la concentration internationale (2°).

1°) Concentration nationale

C'est celle qui se réalise entre des entreprises situées au sein d'un même pays. Ce genre de concentration doit, tout en faisant l'objet de contrôle, être toléré voire encouragé si ses effets ne sont pas trop nuisibles pour la concurrence et les intérêts des consommateurs. En effet, non seulement il « peut conduire à des gains d'efficacité, sous la forme d'une diminution du coût de production, d'une amélioration de la qualité, de l'introduction de nouveaux produits, etc. »[195], mais aussi

---

[195] JANIN, Lionel et MENONI, Benoît, « Le contrôle des concentrations en France : une analyse empirique des avis du conseil de la concurrence », in *Économie & prévision*, 2007/2 n°178-179, p. 96.

renforcer la compétitivité des entreprises nationales par rapport aux entreprises étrangères. Les pouvoirs publics favorisent parfois implicitement ou explicitement les pratiques de concentrations et incitent même les grandes entreprises à accroître davantage leurs dimensions parce qu'elles favorisent le progrès technique et économique, permettent de réaliser des économies d'échelle et qu'en définitive, elles sont les mieux placées pour affronter la concurrence internationale. Mais en même temps, les pouvoirs publics redoutent aussi ces grandes entreprises à cause de leur immense pouvoir qui leur donne les moyens d'avoir une influence non seulement économique, mais aussi politique[196]. C'est d'ailleurs l'une des principales raisons pour lesquelles, en République Démocratique du Congo, la création des sociétés par actions à responsabilité limitée était soumise à l'autorisation préalable du Président de la République.

2°) Concentration internationale

Elle fait intervenir des entreprises qui ne sont pas toutes situées à l'intérieur d'un même pays. A 'heure actuelle, avec la mondialisation de l'économie et « la globalisation des échanges »[197], les concentrations à l'échelle international se multiplient, créant ainsi de grandes firmes multinationales d'une puissance redoutable. La dévalorisation des frontières à laquelle on assiste de plus en plus contribue à la création et la croissance de grandes unités internationales. Il est obvie que « la structure des entreprises reflète des transformations de structures plus profondes qui nous font passer des nationalismes étroits à un internationalisme de plus en plus large ; elle s'adapte toujours (ou cherche à s'adapter) aux nouvelles dimensions des marchés »[198].

§3. Techniques ou modalités de concentration

Les opérations de concentration sont des opérations juridiques tendant à créer une unité de décision entre des entreprises par la création de liens structurels dont certains laissent subsister la personnalité

---

[196] REBOUD, Louis, *op. cit.*, pp. 442-443.
[197] IDOT, Laurence, « Mondialisation, liberté et régulation de la concurrence. Le contrôle des concentrations », in *Revue internationale de droit économique*, 2002/2 t. XVI, p. 176.
[198] REBOUD, Louis, *op. cit.*, p. 446.

juridique des entreprises concernées (A), tandis que d'autres entraînent la perte de la personnalité juridique (B).

A. Opérations de concentration n'entraînant pas la perte de la personnalité juridique des entreprises concernées

Parmi les liens structurels qui laissent subsister la personnalité juridique des entreprises concernées, nous pouvons retenir les groupes de sociétés (1°), la participation d'une société dans le capital d'une autre (2°), la relation société mère et filiale (3°), l'apport partiel d'actif (4°).

1°) Groupes de sociétés (prise de contrôle)

La pratique des groupes de sociétés est l'une des principales manifestations de la recrudescence du phénomène de la concentration des entreprises en tant que l'un des faits marquants de l'économie contemporaine[199]. Le législateur de l'Ohada entend par groupe de sociétés l'ensemble formé par des sociétés unies entre elles par des liens divers qui permettent à l'une d'elles de contrôler les autres. Ceci permet de dire que du point de vue du droit de l'Ohada, on peut reconnaître le groupe de sociétés à deux éléments essentiels :

- l'existence de sociétés juridiquement indépendantes, mais liées par divers types de relations, dans le but soit de partager les risques ou de dominer le domaine d'activité, soit de déconcentrer les organes de gestion afin de rationaliser et d'optimiser la gestion de l'ensemble. Ces sociétés peuvent avoir des activités identiques, complémentaires ou diverses et complètement séparées[200], et leur forme juridique et leur objet importent peu, pourvu qu'elles soient dotées de la personnalité morale. Sont ainsi exclues de la notion de groupe, les entreprises individuelles et les personnes morales autres que les sociétés.

- le contrôle de toutes les sociétés par l'une d'elles grâce à la détention effective, par celle-ci, du pouvoir de décision au sein des autres

[199] KONE, Mamadou, « La notion de groupe de sociétés en droit OHADA », in *Penant*, n° 856, p. 285.
[200] NDAYE MBAYE, Mayatta, « Les groupes de sociétés dans l'organisation pour l'harmonisation du droit des affaires (OHADA) », in *Penant*, n° 848, p. 280.

sociétés. Le contrôle s'apprécie donc en fonction des droits de vote que détient ladite société. C'est ce que précise l'article 175 de l'Acte uniforme relatif au droit des sociétés commerciales et du groupement d'intérêt économique en ces termes : une personne physique ou morale[201] est présumée détenir le contrôle d'une société soit lorsqu'elle détient, directement ou indirectement ou par personne interposée, plus de la moitié des droits de vote, soit lorsqu'elle dispose de plus de la moitié des droits de vote en vertu d'un accord ou d'accords conclus avec d'autres associés. Ce qui permet à la société qui a le contrôle, d'exercer une influence déterminante sur la gestion et le fonctionnement des sociétés contrôlées ainsi que sur la désignation de leurs dirigeants sociaux. La conséquence est qu'il se crée, entre ces sociétés, qui demeurent juridiquement indépendantes, une espèce d'unité de commandement et de décision économique.

Il faut noter que « si le groupe de sociétés constitue d'un point de vue économique une réalité incontestable, il n'a pas à proprement parler de réalité juridique »[202], et n'a donc pas de personnalité juridique.

2°) Participation d'une société dans le capital d'une autre (prise de participation)

Dans le cadre des liens juridiques entre sociétés, une société peut aussi avoir une participation dans une autre, les deux étant de véritables sociétés dotées de la personnalité juridique. Il ne suffit cependant pas qu'une société soit associée dans une autre pour que l'on dise qu'elle a une participation dans cette société. En effet, l'Acte uniforme relatif au droit des sociétés commerciales et du groupement d'intérêt économique considère comme ayant une participation dans une autre société, toute société qui possède au moins 10% du capital social de cette autre société. La condition posée est donc de détenir dans l'autre société une fraction de capital égale ou supérieure à 10 %. Ces considérations ont amené Jean Gatsi à définir la participation ou la prise de participation comme « l'action par laquelle une société rentre de façon volontaire et durable dans le capital d'une autre société en

---

[201] On parle parfois de *groupe sociétaire* lorsqu'une société contrôle une autre société ou d'autres sociétés, et de *groupe personnel* si ce contrôle est exercé par une personne physique.
[202] NURIT-PONTIER, L., *Les groupes de sociétés*, Collection Le droit en question, Editions Ellipse, 1998, p. 5.

possédant des actions égales ou supérieures à dix pour cent du capital »[203]. Il est vrai que l'article 176 de l'Acte uniforme relatif au droit des sociétés commerciales et du groupement d'intérêt économique ne s'est limité qu'à fixer le seuil à partir duquel on peut retenir la participation. Mais lorsque cet article est combiné avec l'article 179, la conclusion qui s'impose logiquement est qu'en réalité la participation est comprise entre 10% et 50%. Au-delà de 50%, on tombe dans le rapport de société mère et filiale.

3°) Société mère et filiale

Dans le rapport entre société mère et filiale, la société mère possède dans la filiale plus de la moitié du capital. C'est ce qui ressort de l'article 179 de l'Acte uniforme relatif au droit des sociétés commerciales et du groupement d'intérêt économique qui dispose : « Une société est société mère d'une autre société quand elle possède dans la seconde plus de la moitié du capital. La seconde société est la filiale de la première ». Ainsi, tout en étant sous le contrôle et l'influence de la société mère, la filiale reste une société à part entière, jouissant d'une indépendance juridique, disposant d'une personnalité juridique avec tous les attributs, tous les droits et les obligations attachés à celle-ci. C'est en cela qu'elle se distingue notamment de la succursale. Celle-ci n'est, en effet, qu'une technique de déconcentration du centre de décision d'une entreprise qui permet à cette dernière de poursuivre son activité dans un autre espace géographique[204]. Elle dispose certes d'une certaine autonomie de gestion, mais elle n'a pas de personnalité juridique autonome, distincte de celle de la société ou de la personne physique propriétaire, ni par conséquent l'indépendance juridique qui caractérise la filiale. Les droits et obligations qui naissent à l'occasion de son activité ou

---

[203] GATSI, Jean, « Filiale, succursale et groupe de sociétés », in POUGOUE, Paul-Gérard (dir.), *Encyclopédie du droit OHADA*, Lamy, 2011, p. 799.

[204] GATSI, Jean, *op. cit.*, p. 794. L'article 116 de l'Acte uniforme relatif au droit des sociétés commerciales et du groupement d'intérêt économique définit la succursale comme un établissement commercial ou industriel ou de prestations de services, appartenant à une société ou à une personne physique et doté d'une certaine autonomie de gestion.

qui résultent de son existence sont compris dans le patrimoine de la société ou de la personne physique propriétaire[205].

4°) Apport partiel d'actifs

L'apport partiel d'actifs est l'un des procédés juridiques de restructuration des sociétés, et il se réalise sans provoquer la disparition de la société qui procède à l'apport ni la perte de sa personnalité juridique. Il est défini, à l'article 195 de l'Acte uniforme relatif au droit des sociétés commerciales et du groupement d'intérêt économique, comme l'opération par laquelle une société fait apport d'une branche autonome d'activité à une société préexistante ou à créer. En échange de cet apport, la société bénéficiaire émet des titres (actions ou parts sociales) au profit de la société apporteuse. L'apport partiel d'actifs opère donc transfert du patrimoine d'une société à une autre ou à d'autres sociétés nouvelles ou à créer. Mais il n'y a pas transmission à titre universel du patrimoine de la société apporteuse, puisque celle-ci ne fait apport à la société bénéficiaire que d'une partie de ses éléments d'actif, représentant néanmoins un ensemble cohérent (branche d'activité). C'est, du reste, la raison pour laquelle la société apporteuse ne disparaît pas du fait de cet apport qui n'est que partiel. Pour la société bénéficiaire, « l'opération est assimilée à une augmentation de capital par apports en nature »[206].

B. Opérations de concentration entraînant la perte de la personnalité juridique des entreprises concernées

La fusion (1°) et la scission (2°) constituent deux procédés de restructuration des sociétés qui entraînent la disparition de celles-ci, et donc la perte de leur personnalité juridique. Elles constituent également des mécanismes de concentration économique d'entreprises destinées à renforcer leur capacité concurrentielle et leur compétitivité sur le marché.

---

[205] Art. 117 de l'Acte uniforme relatif au droit des sociétés commerciales et du groupement d'intérêt économique.

[206] BOUCAULT, Jocelyne et alii, *Droit des sociétés*, Paris, Editions Foucher, 1996, p. 337.

1°) Fusion

La fusion est l'opération par laquelle deux ou plusieurs sociétés se réunissent pour n'en former qu'une seule, soit par création d'une société nouvelle soit par absorption de l'une par l'autre[207]. Dans le premier cas, que certains appellent aussi fusion-réunion[208] ou fusion-combinaison[209], les deux sociétés disparaissent du fait de la fusion et cèdent la place à une nouvelle société qui est constituée et au profit de laquelle elles opèrent une transmission de l'ensemble des éléments de leur actif et de leur passif. Dans le deuxième cas, l'une des sociétés absorbe l'autre qui disparaît du fait de cette opération en transmettant à la société absorbante la totalité de son patrimoine. Seule disparaît, dans cette hypothèse, la société absorbée, alors que la société absorbante subsiste et inclut dans son patrimoine celui qui appartenait à la société absorbée[210]. Il faut néanmoins reconnaître que dans la pratique, c'est la fusion-absorption qui est la plus usitée car, en laissant subsister la personnalité morale de la société absorbante, elle permet de conserver la clientèle[211].

2°) Scission

Elle s'entend comme l'opération par laquelle l'ensemble du patrimoine d'une société est transmis, non pas à une seule société, mais à plusieurs sociétés existantes ou nouvelles, chacune héritant d'une fraction dudit patrimoine. C'est ce qui différencie fondamentalement la scission de la fusion-absorption. En d'autres termes, la fusion est union, alors que la scission est division ou

---

[207] Art. 189, al. 1er de l'Acte uniforme relatif au droit des sociétés commerciales et du groupement d'intérêt économique.

[208] MBAYE, Mayatta Ndaye, « Fusions, scissions et apports partiels d'actifs », in POUGOUE, Paul-Gérard (dir.), *Encyclopédie du droit OHADA*, Lamy, 2011, p. 867.

[209] ANOUHAKA, François et alii, *OHADA. Sociétés commerciales et G.I.E.*, Bruxelles, Bruylant, 2002, p. 199.

[210] Jean Cooper Royer résume ces deux situations par cette assertion allégorique : « la fusion se comprend de deux sociétés comme de deux rivières qui réunissent leurs eaux, l'une gardant sa dénomination et se grossissant de l'autre, ou bien toutes deux s'amalgamant pour former une rivière, exclusivement formée des deux eaux, rivière qui, dorénavant aura une dénomination nouvelle » (COOPER ROYER, Jean, *De la fusion des sociétés : essai juridique*, Paris, Dalloz, 1933, p.101).

[211] MARTOR, Boris et THOUVENOT, Sébastien, *La fusion des sociétés issues du droit O.H.A.D.A.*, Ohadata-D-04-19, p. 2.

éclatement. Il va sans dire que la société dont le patrimoine est ainsi partagé disparaît du fait de cette scission.

§4. Organisation du contrôle des concentrations

Comme l'affirment, avec raison, Lionel Janin et Benoît Menoni, le contrôle des concentrations constitue l'un des piliers de la politique de la concurrence[212]. Au regard de leur immense puissance, les concentrations peuvent facilement dériver vers des abus et des comportements anticoncurrentiels ; d'où l'importance d'en exercer le contrôle pour n'autoriser que celles qui seraient raisonnables et faire obstacle à celles qui s'avèreraient dangereuses. La loi congolaise pose le principe de la licéité des concentrations tant qu'elles ne procèdent pas de pratiques anticoncurrentielles. Ceci ressort de l'article 49 de la Loi organique n° 18-020 du 9 juillet 2018 relative à la liberté des prix et à la concurrence, aux termes duquel « les opérations de concentration économique des entreprises et groupes d'entreprises par fusion, création d'entité nouvelle ou par des contrats spécifiques sont licites à l'exception de celles qui se rapportent aux pratiques anticoncurrentielles ». Cependant, certaines concentrations répondant aux critères définis par la loi elle-même sont soumises à un contrôle administratif.

L'examen de l'organisation de ce contrôle invite d'abord à faire le point sur les opérations de concentration soumises au contrôle (A) et l'autorité de contrôle (B). Il sera ensuite question d'examiner, au niveau de la procédure de contrôle, les dispositions en rapport avec le déclenchement (C), l'exercice (D) et l'issue du contrôle (E).

A. Opérations de concentration soumises au contrôle

L'article 50 de la Loi organique n° 18-020 du 9 juillet 2018 relative à la liberté des prix et à la concurrence prévoit trois critères, non cumulatifs, nécessaires pour qu'un projet de concentration fasse l'objet d'un contrôle préalable. Il suffit que l'un de ces trois critères soit rempli pour que cette mesure de contrôle préalable s'applique. Ces trois critères, qui tiennent en fait compte de la dimension

---

[212] JANIN, Lionel et MENONI, Benoît, *op. cit.*, p. 93.

économique de l'opération de concentration envisagée, sont les suivants :

- le chiffre d'affaires hors taxes réalisé en République démocratique du Congo par les personnes morales et physiques impliquées dans le projet de concentration, est égal ou supérieur au montant fixé par décret du Premier ministre délibéré en Conseil des ministres, sur proposition du ministre ayant l'économie nationale dans ses attributions. Ce premier critère est relatif au chiffre d'affaires hors taxe cumulé que les parties au projet de concentration réalisent en République démocratique du Congo. Le seuil à partir duquel le contrôle s'impose devra être fixé par décret du Premier ministre. Il ne l'est pas encore et devra faire partie des mesures d'application de la loi qui sont encore attendues.

- les personnes morales et physiques impliquées dans le projet de concentration détiennent ensemble au moins 25 % de parts du marché national pour les produits ou services concernés. Ce critère se passe de tout commentaire. Il concerne les parts de marché cumulées des parties au projet de concentration pour les produits ou services concernés. Le seuil à atteindre pour que le contrôle soit requis est fixé à 25 % de la totalité des parts du marché national.

- l'organisation économique générée par le projet de concentration économique crée ou renforce une position dominante. Ce critère se réfère à l'impact qu'aura l'opération de concentration projetée sur la concurrence. Elle devra avoir une puissance économique qui lui permette soit de créer une position dominante, soit de renforcer une telle position sur le marché des produits ou services concernés.

B. Autorité de contrôle

En République Démocratique du Congo, ce contrôle est dévolu à la Commission de la concurrence, organisme public dont les modalités d'organisation et de fonctionnement devront être fixées par un décret du Premier ministre. En attendant la signature de ce décret, c'est l'ancienne Commission de la concurrence créée par l'arrêté départemental DENI/CAB/06/013/87 du 26 mai 1987 qui devra exercer cette attribution en vertu de l'article 85 de la Loi organique n°

18-020 du 9 juillet 2018 relative à la liberté des prix et à la concurrence.

La Commission de la concurrence n'intervient pas seule dans cette procédure, puisqu'elle doit soumettre ses avis techniques au Ministre ayant l'économie nationale dans ses attributions qui a la compétence d'autoriser la réalisation du projet de concentration après concertation préalable avec le ministre du secteur ou des secteurs d'activités concernés.

L'examen du projet de contrôle de concentration fait donc intervenir la Commission de la concurrence et le ministre du secteur d'activités concerné pour leurs avis, ainsi que le Ministre ayant l'économie nationale dans ses attributions qui en autorise ou non la réalisation.

C. Déclenchement de la procédure de contrôle

Tout projet de concentration qui remplit l'un des critères légaux exposés ci-dessus doit, selon l'article 50, être transmis pour examen et avis technique à la Commission de la concurrence. Il s'agit d'une formalité préalable à la réalisation du projet. Ce contrôle a priori constitue un mécanisme préventif destiné à bloquer, en amont, des opérations de concentration non conformes à la règlementation en la matière, au lieu de les laisser se réaliser et de les sanctionner par la suite pour violation de cette règlementation, notamment par l'annulation des actes posés. Ce qui pourrait causer d'énormes préjudices aux partenaires sociaux et aux tiers.

Les modalités de communication du dossier à la Commission de la concurrence et les éléments constitutifs dudit dossier seront déterminés par un arrêté du ministre ayant l'économie nationale dans ses attributions. Mais dans tous les cas, le dossier devra comprendre obligatoirement les éléments ci-après, en dehors d'autres éléments que pourrait déterminer l'arrêté du ministre :

- le projet de l'acte de concentration ;
- la liste des dirigeants, des principaux actionnaires, des filiales ;
- les bilans des trois dernières années si les entreprises existent depuis au moins trois ans ;

- une note fournissant toutes les informations sur les actes ou conventions passées éventuellement au cours des trois dernières années et ayant eu des effets sur la concurrence ;
- toutes les indications nécessaires sur la nature, le volume et la valeur de leur production et les moyens mis en œuvre ;
- les rapports des commissaires aux comptes pour, éventuellement, les trois derniers exercices clos.

La transmission du dossier à la Commission de la concurrence est effectuée soit par les parties au projet de concentration, soit par le ministre ayant l'économie nationale dans ses attributions. La règle est que le dossier est soumis à la Commission de la concurrence par les parties au projet de concentration. Mais en cas de défaillance de la part de celles-ci, c'est-à-dire si elles n'ont pas transmis leur projet à la Commission de la concurrence, il appartiendra au ministre ayant l'économie nationale dans ses attributions, informé, de le faire. En effet, le ministre devra, après avoir diligenté, de sa propre initiative ou à l'initiative du ministre dont relève le secteur d'activités concerné, une enquête pour savoir si des actes ou opérations juridiques constitutives de concentration ont été conclues par des entreprises, communiquer à la Commission de la concurrence, pour l'examen et l'avis technique exigés par la loi, toute opération n'ayant pas fait l'objet d'une transmission à ladite commission.

Une fois que le dossier est transmis à la commission, le projet de concentration est suspendu et doit attendre, pour sa réalisation, l'autorisation du ministre ayant l'économie nationale dans ses attributions.

Le défaut de transmission d'un projet de concentration et le fait de donner des indications inexactes ou dénaturées dans les opérations de concentration constituent des actes d'atteinte à la règlementation sur la concentration économique. Il en est de même lorsque les parties fournissent un renseignement inexact en réponse à une demande faite par le ministre ayant l'économie nationale dans ses attributions ou lorsqu'elles présentent de façon incomplète, lors des vérifications ordonnées par ce ministre, des livres ou autres documents professionnels ou sociaux requis, ou encore lorsqu'elles refusent de se soumettre à ces vérifications.

D. Exercice du contrôle

Des détails supplémentaires, quant à la procédure d'examen du projet de concentration par la Commission de la concurrence, seront sans doute contenus dans le décret devant fixer les modalités d'organisation et de fonctionnement de la Commission de la concurrence. Mais nous savons d'ores et déjà que la commission dispose d'un délai maximum de quarante-cinq jours pour procéder à cet examen et donner son avis au ministre ayant l'économie nationale dans ses attributions. C'est ce que prévoit le dernier alinéa de l'article 50 de la Loi organique n° 18-020 du 9 juillet 2018 relative à la liberté des prix et à la concurrence, qui dispose que « la Commission de la concurrence soumet au ministre ayant l'économie nationale dans ses attributions, pour autorisation éventuelle, l'avis technique y relatif, endéans 45 jours à dater de la réception complète du projet ».

Le ministre ayant l'économie nationale dans ses attributions dispose, à son tour, d'un délai de soixante jours à compter de la réception de l'avis technique de la commission pour se prononcer, après concertation préalable avec le ministre dont relève le secteur d'activités concerné. Ce délai peut néanmoins être porté jusqu'à quatre-vingt-dix jours si une circonstance particulière l'exige. Il en sera ainsi, par exemple, si un complément d'enquêtes à l'étranger est nécessaire ou si le ministre n'a pas pu se prononcer dans le délai de soixante jours à la suite d'un cas de force majeure.

E. Issue du contrôle

A l'issue de ce contrôle, le ministre ayant l'économie nationale dans ses attributions peut prendre, dans le délai lui imparti, plusieurs sortes de décisions prévues à l'article 53 de la Loi organique n° 18-020 du 9 juillet 2018 relative à la liberté des prix et à la concurrence. Il peut, d'autorité, et le cas échéant avec ou sur demande du ministre dont relève le secteur économique intéressé, après avis de la Commission de la concurrence :

- constater que le projet ne rentre pas dans le champ d'application des dispositions relatives au contrôle des concentrations soit parce que l'opération concernée n'est pas une concentration, soit parce qu'elle ne remplit aucun des critères nécessaires pour relever du dispositif relatif au contrôle des concentrations. Dans ce cas, il peut ne pas l'autoriser et/ou rétablir la situation de droit antérieur.

- enjoindre aux parties, avant toute autorisation de réaliser leur projet, de modifier ou de compléter l'opération envisagée et de prendre toute mesure propre à préserver la concurrence. Ce devoir doit être accompli par les parties au projet endéans un délai qui devra encore être fixé par voie réglementaire.

- autoriser le projet tout en en subordonnant la réalisation à l'observation de prescriptions de nature à apporter au progrès économique et social une contribution suffisante pour compenser les effets anticoncurrentiels de l'opération de concentration

Il va sans dire que s'il apparaît que le projet ne comporte aucun danger sérieux pour la concurrence, il peut l'autoriser en en subordonnant éventuellement la réalisation au respect des engagements pris par les parties.

En outre, la Commission de la concurrence peut demander, en cas d'exploitation abusive d'une position dominante ou d'un état de dépendance économique, au ministre ayant l'économie nationale dans ses attributions d'enjoindre l'entreprise ou le groupe d'entreprises en cause, de modifier, de compléter ou de résilier, dans un délai fixé, tout accord ou tout acte qui a conduit aux abus par lesquels s'est réalisée la concentration de puissance économique, même si ces actes ont fait l'objet de la procédure prévue par la loi.

Notons que toutes les décisions prises en matière de contrôle de la concentration économique ainsi que les avis de la Commission de la concurrence, le cas échéant, doivent être motivés et publiés au Journal officiel par le ministre ayant l'économie nationale dans ses attributions, et sont susceptibles d'un recours contentieux devant le Conseil d'État.

La loi reste cependant muette sur la sanction du non-respect par la Commission de la concurrence ou par le ministre ayant l'économie nationale dans ses attributions des délais leur imparti pour l'avis technique (pour la commission) et la décision à prendre (pour le ministre).

Chapitre 4. Mise en œuvre des règles de concurrence

La mise en œuvre des règles de concurrence est assurée par deux dispositifs : un dispositif préventif et un dispositif répressif. Le premier dispositif se rapporte au contrôle et à la régulation de la concurrence (section 1), tandis que le deuxième est destiné à sanctionner les violations des règles de la concurrence (section 2).

Section 1. Contrôle et régulation de la concurrence

Le contrôle a pour but « de restaurer la concurrence sur les marchés et de mettre fin aux comportements anticoncurrentiels »[213]. Il a donc essentiellement une portée préventive et corrective. Cette fonction préventive et corrective est un maillon important du processus de mise en œuvre des règles de concurrence, à côté de la fonction répressive. Quant à la régulation, elle a pour rôle l'encadrement juridique de la concurrence en vue de garantir le respect de certains principes fondamentaux et éviter ainsi le risque d'une concurrence débridée. Elle est généralement confiée à des autorités administratives indépendantes pour en garantir l'impartialité et la souplesse. Au-delà du simple contrôle, l'autorité de régulation construit les marchés par des normes souples, et parfois négociées, en tenant compte à la fois des exigences des marchés et de l'intérêt général.

En République démocratique du Congo, le contrôle et la régulation des règles de concurrence sont dévolus à la Commission de la concurrence, organisme public dont les modalités d'organisation et de fonctionnement devront être fixées par un décret du Premier ministre.

A part les dispositions en matière de contrôle des concentrations, il nous faut attendre le décret annoncé pour en savoir davantage sur la composition de la Commission de la concurrence et sur les règles de procédure devant cette instance (saisine, instruction, prise de décisions, etc.).

Toutefois, une lecture attentive de la Loi organique n° 18-020 du 9 juillet 2018 relative à la liberté des prix et à la concurrence nous permet de dégager quelques dispositions relatives à sa compétence en

---

[213] BLAISE, Jean-Bernard et DESGORCES, Richard, *op. cit.*, p. 323.

matière de contrôle et de régulation, sans revenir sur celles en rapport avec le contrôle des concentrations. Ainsi, il résulte de l'article 31 de cette loi organique que la Commission de la concurrence est compétente pour autoriser les ententes susceptibles de porter atteinte à la concurrence, mais dont les auteurs peuvent justifier qu'elles ont pour effet de garantir le progrès économique, la création et le maintien de l'emploi. L'autorisation de la Commission de la concurrence est préalable à la réalisation de telles ententes.

Section 2. Répression de la violation des règles de concurrence

La répression de la violation des règles de concurrence fait intervenir différents organes et plusieurs types de sanctions. La Loi annonce, en son article 82, que les infractions qu'elle a retenues sont notifiées aux contrevenants par courrier avec accusé de réception ou tout autre moyen laissant la preuve qu'ils ont été signifiés, et que les amendes retenues sont recouvrées et versées au Trésor public. L'article 84 ajoute qu'en cas de contentieux, les infractions à ses dispositions sont de la compétence du tribunal de commerce. Par ailleurs, le tribunal peut ordonner une expertise s'il juge que l'avis de l'Administration compétente est insuffisamment motivé.

Après l'évocation des organes intervenant dans la répression et des sanctions applicables (§1), nous examinerons successivement les dispositions qui répriment la violation des règles relatives aux prix (§2), les dispositions concernant la répression de la violation des règles prohibant la concurrence déloyale (§3), et celles qui régissent la répression de la violation des autres règles relatives à la concurrence (§4).

§1. Organes intervenant dans la répression de la violation des règles de la concurrence et sanctions applicables

Le premier point sera consacré à l'énumération des organes chargés de la recherche et la répression des règles de la concurrence (A) ; tandis que le second concernera l'examen des sanctions applicables en matière de concurrence (B).

A. Organes chargés de la recherche et la répression des violations des règles de la concurrence

Interviennent dans la recherche et la répression des violations des règles de la concurrence, les organes ci-après :

- Le ministre ayant l'économie nationale dans ses attributions qui a une compétence notamment en ce qui concerne les infractions en matière de prix et les pratiques anticoncurrentielles. Il peut, par exemple, sur proposition de la Commission de la concurrence, donner des injonctions ou même décider de la fermeture temporaire des entreprises qui abusent d'une position dominante ou d'un état de dépendance économique ou toute autre pratique anticoncurrentielle. En matière de prix, il peut déléguer son pouvoir aux autorités administratives provinciales et à celles des entités territoriales décentralisées.

- La Commission de la concurrence qui est habilitée à réprimer les pratiques anticoncurrentielles et les atteintes à la règlementation sur la concentration économique.

- Les fonctionnaires ou agents de la Commission de la concurrence revêtus de la qualité d'officier de police judiciaire à compétence restreinte qui sont qualifiés pour procéder aux enquêtes nécessaires en matière d'exercice de la concurrence.

- Les agents et fonctionnaires du ministère en charge de l'économie nationale commissionnés pour procéder aux enquêtes relatives à la fixation des prix.

- Les autorités judiciaires.

Il faut aussi retenir qu'en matière de concurrence déloyale, toute personne justifiant d'un intérêt peut saisir le juge en vue d'obtenir soit la réparation du préjudice subi, soit la cessation des pratiques litigieuses et/ou la nullité des clauses litigieuses.

B. Sanctions applicables en matière de concurrence

Les sanctions peuvent être judiciaires (1°) ou administratives (2°).

1°) Sanctions judiciaires

Ces sanctions sont celles qui relèvent de l'autorité judiciaire. Parmi les sanctions judiciaires prévues par la législation en matière de concurrence, on note des sanctions pénales (a) et des sanctions civiles (b).

a) Sanctions pénales

Ces sanctions qui requièrent l'intervention du juge sont principalement réservées aux violations des règles qui revêtent un caractère impératif et d'ordre public. Sont prévues, en matière de violation des règles de la concurrence, les sanctions pénales ci-après :

- La servitude pénale ou peine d'emprisonnement. Le délinquant peut encourir une peine de servitude pénale, même s'il est vrai qu'une telle peine, privative de liberté, est rarement prononcée dans ce domaine. La servitude pénale ne peut être prononcée qu'à l'encontre des seules personnes physiques, à l'exclusion des personnes morales ; celles-ci ne peuvent, en effet, se voir appliquer une peine d'emprisonnement compte tenu de leur nature.

- La peine d'amende : c'est une peine d'ordre pécuniaire qui consiste en « l'obligation faite à un condamné, en vertu d'une décision de la justice répressive, de payer à l'État, plus précisément au Trésor, une certaine somme d'argent »[214], dont le montant ou le mode de calcul est fixé par la loi. Elle est une peine touchant au patrimoine du condamné dans la mesure où elle entraîne une diminution des ressources de ce dernier. Elle peut être cumulée avec une peine d'emprisonnement ou avec une peine privative de droits ; mais elle peut aussi être prononcée en remplacement d'une peine d'emprisonnement.

Il faudrait toutefois bien faire la distinction entre l'amende pénale et l'amende administrative prononcée par des administrations contre les

---

[214] LASALLE, Jean Yves, *Amende – Jour-amende*, Dalloz, octobre 2003.

contrevenants à certaines règlementations spéciales. Les amendes administratives, prévues par des textes particuliers, font certes partie de la matière pénale, mais n'obéissent pas au régime des amendes pénales. L'amende pénale se distingue également de l'amende disciplinaire, qui sanctionne certaines fautes commises dans l'exercice d'une profession[215].

La peine d'amende, très facile à appliquer, est la plus courante en droit pénal en raison de nombreux avantages qu'elle présente. Certains auteurs vont jusqu'à la qualifier de « reine des peines » ou de « peine par excellence »[216]. Parmi ses nombreux avantages, on avance que l'amende, contrairement à l'emprisonnement, reste toujours efficace en conservant son pouvoir d'intimidation malgré la répétition : alors que l'on peut s'habituer à l'emprisonnement, on ne s'habitue pas à l'amende. Dans ce sens, l'amende présente sur l'emprisonnement l'avantage de ne pas être corruptrice. En effet, à la différence de l'emprisonnement, l'amende n'a pas « la tragique propriété de plonger le délinquant dans un milieu criminogène »[217].

En outre, l'amende présente l'avantage de l'adaptabilité car elle peut être modulée pour tenir compte de la gravité de l'infraction commise et des caractéristiques propres de chaque délinquant. C'est ainsi qu'elle est beaucoup utilisée en droit pénal des affaires où d'ailleurs les amendes sont généralement plus élevées qu'en droit commun, et parfois calculées sur le profit. Monsieur Bébin soutient ainsi qu'« étant donné la solvabilité des délinquants en col blanc et le caractère particulièrement calculé de ce type d'infractions, des amendes adaptées peuvent dans certains cas suffire à les dissuader efficacement. Or si l'on parvient à un même niveau de dissuasion par la prison et par l'amende, l'imposition de l'amende est largement préférable puisqu'elle permet d'éviter le coût financier et humain de la prison et qu'elle donne la possibilité à l'Etat d'utiliser la somme

---

[215] Lire à ce sujet, POTIER, Justine, *Le prononcé de l'amende*, Mémoire de Master II, Université de Reims Champagne-Ardenne, 2012, pp. 38-39.

[216] Par exemple, PRADEL, J., *Droit comparé*, Paris, Dalloz, ; BENTHAM, J., *Théorie des peines et des récompenses*, 1818, cités par POTIER, Justine, *op. cit.*, p. 40.

[217] MERLE et VITU, *Traité de Droit Criminel, Problèmes généraux de la science criminelle, Droit pénal général*, Ed. Cujas, 7ème édition, 1997, n°788, p. 956, cité par POTIER, Justine, *op. cit.*, p. 41.

prélevée par l'amende pour entreprendre des actions bénéfiques au profit de la collectivité »[218].

On doit dire, enfin, que « l'amende est une peine facilement réparable en cas d'erreur judiciaire à la différence de la peine d'emprisonnement. Il suffira de rembourser le montant de l'amende avec intérêt »[219].

- La fermeture d'établissement : cette sanction, qui peut aussi être une sanction administrative, est un acte susceptible de poser des problèmes surtout vis-à-vis des usagers, même si on est en face d'un mauvais établissement. Au moment de passer à l'acte, beaucoup estimeront que « mieux vaut un mauvais établissement que pas d'établissement du tout : les uns parce que l'établissement leur offre un accueil qu'ils ont mis des mois à trouver et qu'ils risquent de ne plus retrouver, les autres parce que ce sont des emplois et des marchés, etc. »[220].

Quand elle est appliquée, la fermeture d'établissement peut être définitive ou temporaire en tenant compte de la gravité des faits infractionnels. La loi sur la concurrence a plutôt prévu la fermeture temporaire, pour une durée n'excédant pas six mois.

- La publication du jugement : le tribunal qui condamne un délinquant peut aussi ordonner la publication du jugement ou son insertion dans des journaux. Il s'agit d'une peine généralement complémentaire qui ne peut être appliquée que si elle est expressément prévue par le texte d'incrimination. Outre sa portée répressive et, surtout, stigmatisante qui la rend particulièrement redoutée par les opérateurs économiques et les entreprises, la publication des décisions judiciaires a aussi une fonction pédagogique. Celle-ci consiste à indiquer aux opérateurs économiques, par le biais d'une bonne motivation des décisions judiciaires, les limites au-delà desquelles ils ne sauraient aller sans enfreindre les normes d'une activité économique régulière. Quant au

---

[218] BEBIN, X., *Pourquoi punir ?, L'approche utilitariste de la sanction pénale*, Paris, L'Harmattan, 2006, pp. 215-216. Il faut tout de même signaler que l'Etat peut aussi engager un coût financier si les amendes ne sont pas payées spontanément et qu'il est obligé de recourir au recouvrement forcé.

[219] POTIER, Justine, *op. cit.*, p. 41.

[220] HARDY, Jean-Pierre, « La fermeture définitive d'un établissement... et après? », in *IASS La Revue*, n° 34, Octobre 2007, p. 47.

caractère répressif et stigmatisant, il ne peut être contesté dans la mesure où la publication agit sur la réputation et l'image de l'entreprise. Et, comme le notent le ministère français des finances et des comptes publics et celui de la justice, dans une circulaire relative à la lutte contre la fraude fiscale, « au-delà du prononcé de la sanction, les modalités d'application des peines d'affichage et de diffusion conditionnent en grande partie leur efficacité. En effet, l'aspect formel des publications et diffusions, le choix du support (journal local, national, professionnel, site internet) présente un intérêt certain et conditionne largement le retentissement de la condamnation prononcée ».

- L'injonction : elle consiste à ordonner le rétablissement d'une situation de concurrence, de faire cesser un trouble ou un acte de concurrence déloyale et d'éviter son renouvèlement. Elle a un caractère de réparation et de prévention. Son efficacité est néanmoins liée aux sanctions pénales qui peuvent être prononcées en cas de non-respect de l'injonction.

b) Sanctions civiles

- Le paiement de dommages et intérêts : c'est une sanction-réparation qui consiste dans l'obligation faite à l'auteur d'un acte ayant causé dommage à une personne de payer à celle-ci une somme d'argent destinée à réparer le dommage subi. Notons que la réparation d'un préjudice peut parfois consister en une obligation de faire. C'est le cas, par exemple, de l'obligation de remettre en état un bien abimé. Comme le dit Rafael Encinas De Munagorri, « la réparation juridique vise à compenser les conséquences dommageable d'un fait considéré comme anormal ou socialement répréhensible »[221].

- La nullité : cette sanction a pour effet la disparition rétroactive ou l'anéantissement d'un acte qui n'a pas respecté les exigences légales pour sa formation et sa validité. L'acte dont la nullité a été prononcée est censé n'avoir jamais existé. Dimitri Houtcieff explique que le « recours à la nullité s'explique aisément, le droit de la concurrence

---

[221] ENCINAS DE MUNAGORRI, Rafael, « Propos sur le sens de la réparation en droit français de la responsabilité, in *Revue générale de droit*, *33* (2), 2003, p. 212.

portant les impératifs dont cette sanction est la traditionnelle gardienne »[222].

- L'astreinte : Il s'agit d'une mesure d'intimidation qui se manifeste par une condamnation à une somme d'argent à raison de tant par jour, semaine ou mois, pour faire pression sur un débiteur récalcitrant et l'amener à exécuter son obligation. Elle est l'accessoire d'une condamnation principale dont elle tend à assurer l'exécution[223]. L'autorité judiciaire ou administrative qui a pris une décision peut l'assortir d'une telle mesure pour en assurer l'exécution.

2°) Sanctions administratives

A côté des sanctions judiciaires, plusieurs sanctions administratives peuvent aussi frapper les personnes physiques ou morales coupables d'actes répréhensibles. La sanction pénale reste, certes, l'arme répressive naturelle dans la mesure où, comme l'affirme Romieu, « le mode d'exécution habituel et normal des actes de la personne publique est la sanction pénale confiée à la juridiction répressive »[224], mais on ne peut nier l'extraordinaire essor des sanctions administratives. Et le constat est que le recours à ce genre de sanctions se développe de plus en plus dans la mesure où celles-ci apparaissent à maints égards plus efficaces que la voie pénale, laquelle est soumise à une procédure beaucoup plus contraignante[225].

Plus efficaces, elles le sont également quant à la rapidité d'intervention qui suit la constatation de l'infraction. Elles peuvent ainsi se révéler bien plus dissuasives que la voie pénale avec laquelle le contrevenant peut être incité à faire perdurer une situation illégale tant que le juge répressif n'aura pas statué. Les sanctions

---

[222] HOUTCIEFF, Dimitri, « La nullité, sanction des pratiques anticoncurrentielles à la croisée du droit de la concurrence et du droit des contrats », in *Revue juridique de l'Ouest*, 2005-1, p. 4.

[223] CHABAS, François, « L'astreinte en droit français », in *Doutrinas Essenciais Obrigações e Contratos*, Vol. 2, Jun 2011, p. 1159.

[224] ROMIEU, cité par SAUVE, Jean-Marc, *La sanction : regards croisés du Conseil d'Etat et de la Cour de cassation*. Colloque du vendredi 13 décembre 2013. Allocution, p. 2.

[225] Courrier juridique des affaires sociales et des sports, Bimestriel d'information juridique de l'administration sanitaire, sociale et des sports, n° 88, septembre-octobre 2011.

administratives peuvent donc tendre à empêcher la réitération des agissements fautifs qu'elles visent[226].

En outre, comme l'a souligné le conseil d'Etat français, « les sanctions pénales apparaissent parfois inadaptées aux infractions commises. Dans certaines matières techniques à la réglementation complexe, les personnes commettent des infractions plus par ignorance de la loi que par volonté d'y échapper. La sanction administrative est alors beaucoup moins traumatisante. Considérée comme ne mettant pas en cause l'honneur de la personne sanctionnée, elle est mieux acceptée»[227].

Il est intéressant de consacrer quelques développements à la notion de sanction administrative (a) avant de se pencher sur les principales sanctions administratives prévues en matière de concurrence (b).

a) Notion de sanction administrative

La sanction administrative a été définie comme « une décision unilatérale par laquelle une autorité administrative, agissant dans le cadre de prérogatives de puissance publique, inflige une peine sanctionnant une infraction aux lois et règlements »[228]. Pendant longtemps, on a affiché une méfiance à l'égard des sanctions administratives au nom du principe de la séparation des pouvoirs qui, pris à la lettre, exclut qu'une même autorité détienne à la fois un pouvoir réglementaire et un pouvoir répressif. Mais le développement du phénomène de la régulation a eu raison de cette méfiance et amené « à admettre qu'une même autorité administrative puisse cumuler des pouvoirs qui auraient dû être séparés (le pouvoir règlementaire et le pouvoir répressif) : il est apparu indispensable qu'une même autorité, qui a pour fonction d'assurer un certain ordre dans un domaine d'activité (le plus souvent économique), puisse encadrer la liberté des opérateurs économiques par des mesures appropriées, qui peuvent

---

[226] SANGARE, Yacouba, *Les Sanctions en droit du travail : étude comparative du droit français et du droit malien*, Thèse de doctorat en droit, Université de Cergy Pontoise, 2012, pp. 394-395.

[227] SANGARE, Yacouba, *op. cit.*, p. 395.

[228] Etude du Conseil d'Etat, Les pouvoirs de l'administration dans le domaine des sanctions, Doc. Fr., 1995, cité dans Courrier juridique des affaires sociales et des sports, *op. cit.*

consister soit en la règlementation de ce secteur d'activité, soit en la répression des infractions que les opérateurs pourraient commettre »[229]. Dans une communication faite dans la Grand' chambre de la Cour de cassation française, Jean-Marc Sauvé, Vice-président du Conseil d'Etat, ne s'est pas empêché de constater le développement rapide des sanctions administratives, et de reconnaître que « leur essor a en particulier tenu, depuis les années 1970, à l'avènement de l'Etat régulateur, dans lequel un certain nombre d'autorités administratives ont été dotées par la loi d'un pouvoir répressif, en particulier pour encadrer des champs précis d'activités économiques et assurer la protection de certaines libertés »[230]. Et, abondant dans le sens de M. Delmas-Marty et C. Teitgen-Colly, il ajoute que « la répression administrative s'est révélée inhérente au développement des interventions notamment économiques et sociales de l'Etat, qu'il s'agisse de l'Etat de police ou de l'Etat-providence, et elle a conduit à la multiplication des possibilités de sanction, en particulier en matière fiscale, dans le domaine de la circulation ou des transports ou encore dans ceux de l'environnement et de la santé »[231].

Le pouvoir ainsi reconnu aux autorités administratives d'infliger des sanctions à ceux qui méconnaissent les lois et règlements est une expression des prérogatives de puissance publique dont dispose l'administration et un élément déterminant de régulation sociale qui continue à se renforcer avec le développement d'autorités administratives dotées d'un tel pouvoir[232]. Mais il ne leur permet pas d'infliger des sanctions privatives de liberté, ce pouvoir étant exclusivement réservé aux juges judiciaires.

Tout comme la sanction pénale, la sanction administrative a un caractère rétributif (punir le coupable à hauteur de la faute commise) et un effet dissuasif qui s'attache à son exemplarité pour prévenir la violation des lois et règlements. Mais elle a également une fonction de rétablissement de l'ordre public économique ou social ; ce qui la distingue d'une sanction pénale[233].

---

[229] *Les sanctions administratives en droit français*, wwww, p. 2.
[230] SAUVE, Jean-Marc, *op. cit.*, p. 2.
[231] *Ibidem*, p. 3.
[232] Courrier juridique des affaires sociales et des sports, *op. cit.*
[233] Cfr LEMAIRE, Christophe, *op. cit.*, p. 102.

b) Sanctions administratives prévues en matière de concurrence

Les sanctions pouvant être prononcées par l'autorité administrative sont les suivantes :

- Les amendes : l'une des sanctions pécuniaires les plus fréquemment prononcées dans le droit administratif répressif est la peine d'amende.

- La fermeture d'établissement : pour la répression de certaines violations des règles de la concurrence, l'autorité administrative peut recourir à la fermeture temporaire d'établissement.

- L'injonction : elle peut, par exemple, être faite aux entreprises ayant porté atteinte à la réglementation de la concentration économique en abusant d'une position dominante ou d'un état de dépendance économique, de modifier, de compléter ou de résilier, dans un délai fixé, tout accord ou tout acte qui a conduit aux abus par lesquels s'est réalisée la concentration de puissance économique.

- L'astreinte : elle peut être prononcée par une autorité administrative en vue d'assurer l'exécution de sa décision.

§2. Répression de la violation des règles relatives aux prix

Des enquêtes sont nécessaires (A) pour rechercher et constater les infractions, et appliquer les sanctions prévues par la loi (B).

A. Enquêtes

Il faut d'abord rappeler que la recherche des infractions en matière de prix est de la compétence des agents et fonctionnaires du ministère en charge de l'économie nationale commissionnés à cet effet par le Ministre. Ils peuvent l'être, par délégation du ministre ayant l'économie nationale dans ses attributions, par les autorités administratives provinciales et celles des entités territoriales décentralisées.

Pour l'exercice de leurs enquêtes, ces agents, unis de leur commission, sont autorisés à pénétrer, entre 5 heures et 21 heures, dans les dépôts, fabriques, usines, magasins, débits et en général en tous lieux où les produits sont détenus à des fins industrielles, commerciales ou spéculatives, exposés ou mis en vente. Si les lieux sont ouverts au public, ils peuvent y pénétrer en dehors des heures fixées ci-dessus. En dehors de ces heures, ils ne peuvent procéder aux visites en tous lieux ainsi qu'à la saisie des documents sur tout support d'information que sur réquisition du parquet ou du juge compétent.

Lors de leurs missions d'enquête, ils peuvent, sur présentation de leur commission, se faire produire à la première réquisition, ou rechercher tous documents, pièces ou livres qu'ils jugent nécessaires, et aucun secret professionnel ne peut leur être opposé dans ce cadre. A cet effet, ils peuvent :

- demander communication, à toute entreprise et à tout commerçant, des documents qu'ils détiennent relatifs à leur activité et en obtenir ou prendre copie par tout moyen et sur tous supports ;

- recueillir sur convocation ou sur place les renseignements et les justifications nécessaires aux devoirs de leurs enquêtes ;

- demander toutes justifications des prix pratiqués ainsi que la décomposition de ces prix en leurs différents éléments ;

- procéder à toute visite d'établissements commerciaux, industriels, agricoles ou artisanaux ;

- exiger copie des documents qu'ils estiment nécessaires à l'accomplissement de leur mission ;

- demander à l'autorité dont ils relèvent la désignation d'un expert pour procéder à toute expertise contradictoire nécessaire à l'enquête.

Le fait pour quiconque de s'opposer, de quelque manière que ce soit, aux enquêteurs dans l'exercice de leurs fonctions, d'entraver ou empêcher volontairement leur travail, constitue une infraction.

B. Infractions et sanctions

Constituent des infractions en matière de prix :

- les pratiques illicites de prix : cette infraction est punie d'une servitude pénale de six mois au maximum et d'une amende qui ne dépasse pas cent millions de Francs congolais, ou l'une de ces peines seulement. Le tribunal compétent peut en outre : condamner le contrevenant à payer la somme correspondant au bénéfice indûment réalisé, prononcer la fermeture de l'établissement pour une durée n'excédant pas six mois. La décision de condamnation est publiée intégralement ou par extrait, aux frais du condamné dans les journaux que le tribunal désigne ;

- le fait d'opérer ou de tenter d'opérer, de maintenir ou de tenter de maintenir, frauduleusement ou non, la hausse ou la baisse anormale du prix des biens et services soit par des interdictions ou des conventions ayant pour objet la détermination de prix minima ou maxima de vente, soit par des restrictions à la production et à la libre circulation des produits. Cette infraction est punie d'une servitude pénale de quinze jours à trois ans et d'une amende de dix millions à cent millions de Francs congolais ou l'une de ces peines seulement. Le tribunal compétent peut en outre : condamner le contrevenant à payer la somme correspondant au bénéfice indûment réalisé, prononcer la fermeture de l'établissement pour une durée n'excédant pas six mois. La décision de condamnation est publiée intégralement ou par extrait, aux frais du condamné dans les journaux que le tribunal désigne. C'est au juge de fond qu'il appartient d'apprécier le caractère anormal de la hausse ou de la baisse du prix ;

- le commerce triangulaire : la loi punit d'une servitude pénale de six mois au maximum et d'une amende qui ne dépasse pas cent millions de Francs congolais, ou l'une de ces peines seulement, tout celui qui intervient dans la distribution de produits mais qui ne s'approvisionne pas directement chez le producteur ou l'importateur; ou ne vend pas directement au consommateur. Pour les autres intermédiaires, le ministre ayant l'économie nationale dans ses attributions détermine les secteurs économiques où leur intervention est licite, et les conditions auxquelles est soumise ladite intervention. Mais en aucun cas cette intervention ne peut avoir pour effet d'augmenter le prix de vente au détaillant et au consommateur ;

- le fait d'imposer directement ou indirectement un caractère minimal au prix de revente d'un produit ou d'un bien, au prix d'une prestation de service ou à une marge commerciale : cette infraction est passible d'une amende de dix millions à cinquante millions de francs congolais ;

- la revente à perte : en dehors des reventes à perte dont la licéité est consacrée par l'article 18 de la Loi organique n° 18-020 du 9 juillet 2018 relative à la liberté des prix et à la concurrence, toute revente à perte est punie d'une amende de dix millions à cent millions de francs congolais ;

- la rétention des stocks : elle est punie d'une peine de servitude pénale de trois mois au maximum et d'une amende de dix millions à cent millions de francs congolais, ou de l'une de ces peines seulement ;

- la détention illicite des stocks : elle est également punie d'une peine de servitude pénale de trois mois au maximum et d'une amende de dix millions à cent millions de francs congolais, ou de l'une de ces peines seulement ;
- le défaut de facturation : il est puni d'une amende qui ne peut dépasser quinze millions de francs congolais ;

- la non transmission des structures des prix : elle est punie d'une amende qui ne peut dépasser quinze millions de francs congolais ;

- la non publication des prix et documents commerciaux : elle est punie d'une amende qui ne peut dépasser quinze millions de francs congolais ;

- le fait de faire obstacle à l'exercice des fonctions des agents et fonctionnaires qualifiés pour procéder aux enquêtes en matière de prix. A ce sujet, l'article 81 de la Loi organique n° 18-020 du 9 juillet 2018 relative à la liberté des prix et à la concurrence dispose qu'est puni d'une servitude pénale d'un an maximum et d'une amende ne dépassant pas dix millions de francs congolais, le fait pour quiconque de s'opposer, de quelque manière que ce soit, aux enquêteurs dans l'exercice de leurs fonctions.

§3. Répression de la violation des règles prohibant la concurrence déloyale

Les pratiques de concurrence déloyale constituent des infractions, et leur caractère infractionnel est établi indépendamment du caractère intentionnel ou non de la faute commise par leur auteur. Elles sont passibles d'une amende de dix millions à cent millions de francs congolais.

Toute personne justifiant d'un intérêt dispose de la possibilité d'initier une action en concurrence déloyale (A), une action en cessation des pratiques litigieuses ou une action en nullité des clauses litigieuses (B). Le tribunal peut contraindre l'entreprise fautive à s'exécuter sous astreinte.

A. Action en concurrence déloyale

L'action en concurrence déloyale ne coïncide pas avec l'action en responsabilité civile de droit commun dans la mesure où elle « sanctionne un devoir de comportement, qui reflète une éthique des affaires, plus qu'elle ne vise à réparer un préjudice »[234]. Mais elle ne peut prospérer que si sont réunis les trois éléments de la responsabilité civile délictuelle, à savoir : l'existence d'une faute commise par l'auteur de la pratique déloyale, un préjudice subi par la victime de la pratique déloyale et un lien de causalité entre la faute et le préjudice. Il n'est toutefois pas nécessaire que la faute soit intentionnelle ; il suffit que l'entreprise fautive ait recouru à des actes contraires aux usages honnêtes en matière commerciale ou industrielle.

Le préjudice existe s'il résulte de la pratique déloyale un transfert de la clientèle de la victime de cette pratique (l'entreprise visée directement par la pratique) vers le concurrent déloyal ou tout simplement une fuite de la clientèle de la victime à la suite, par exemple, d'une concurrence parasitaire qui aurait porté atteinte à la crédibilité de son entreprise ou à l'image de marque de ses produits.

---

[234] BLAISE, Jean-Bernard et DESGORCES, Richard, *op. cit.*, p. 257.

Ce qui occasionnera une baisse de son chiffre d'affaires. Il peut également s'agir de la perte d'une clientèle potentielle, c'est-à-dire la perte de la possibilité d'augmenter sa clientèle, ou encore d'un trouble commercial subi par la victime. Mais le préjudice peut aussi être subi par la profession commerciale dans son ensemble, étant donné que les pratiques déloyales peuvent porter atteinte aux intérêts de celle-ci, ou par les consommateurs qui risquent de souffrir d'un préjudice causé par les procédés incorrects d'une entreprise. « Ainsi en sera-t-il lorsque, après avoir créé une *confusion* dans l'esprit des consommateurs, le commerçant déloyal en profite pour attirer la clientèle d'un concurrent dont pourtant l'activité ou les produits se révèlent en réalité plus avantageux pour le public. De même en sera-t-il lorsque la confusion (par suite d'une imitation, par exemple) aura pour but ou pour effet de tromper les consommateurs sur les qualités d'un produit ou sur une marque de fabrique »[235].

Le lien de causalité consistera à démontrer que le préjudice subi résulte bien de la faute commise. Ce qui n'est pas toujours facile.

S'agissant de la qualité requise pour agir, la loi ne la limite pas à la seule victime directe de la pratique déloyale, ni aux seuls professionnels, puisqu'elle donne la possibilité d'agir à toute personne justifiant d'un intérêt. Ce qui laisse entendre que même un consommateur ou une association de consommateurs peuvent exercer l'action en concurrence déloyale s'ils peuvent justifier d'un intérêt.

Si tous les éléments repris ci-dessus sont réunis, le juge condamnera le concurrent déloyal à réparer le préjudice subi par la partie demanderesse. S'il s'agit du concurrent directement visé par la pratique déloyale, le préjudice réparable sera apprécié par le juge du fond en tenant compte notamment de la perte subie par la victime au niveau de son chiffre d'affaires, mais aussi du profit réalisé par le concurrent déloyal après l'agissement fautif. En plus de la condamnation aux dommages et intérêts destinés à réparer le préjudice subi, le juge peut aussi ordonner la cessation des agissements déloyaux, éventuellement sous astreinte.

---

[235] MASAMBA MAKELA, Roger, *Droit des affaires*, précité, p. 111.

La juridiction compétente est en principe le tribunal de commerce, en vertu de l'article 17 de la Loi n° 002-2002 du 3 juillet 2001 portant création, organisation et fonctionnement des tribunaux de commerce qui donne compétence à ces tribunaux, notamment en matière de droit privé, pour les « contestations entre toutes personnes relatives aux actes de commerce, en ce compris les actes relatifs [...] à la concurrence commerciale » et les « actes mixtes si le défendeur est commerçant ». Ils connaissent aussi « en matière de droit pénal, des infractions à la législation économique et commerciale, quel que soit le taux de la peine ou la hauteur de l'amende ».

B. Action en cessation des pratiques litigieuses et/ou en nullité des clauses litigieuses

Nous venons de voir que subsidiairement aux dommages et intérêts, le juge saisi d'une action en concurrence déloyale peut aussi ordonner la cessation des pratiques litigieuses. Mais la loi donne aussi la possibilité à toute personne qui subit un préjudice du fait de pratiques déloyales d'assigner à bref délai afin d'obtenir la cessation des pratiques litigieuses et/ou la nullité des clauses litigieuses. Il s'agit donc, d'une part, de l'action en cessation destinée à amener le juge à délivrer une injonction, assortie éventuellement d'une astreinte, de cesser les comportements déloyaux, et d'autre part, de l'action en nullité destinée à entendre le tribunal dire nulles les clauses entachées de déloyauté. Ces deux actions peuvent être cumulées. Leur intérêt réside dans le fait qu'elles n'ont pas besoin, pour prospérer, de prouver un préjudice certain. Un préjudice simplement éventuel suffit pour que le juge ordonne la cessation des pratiques litigieuses ou prononce la nullité des clauses litigieuses.

Avant la réforme du droit de la concurrence, l'action en cessation était régie par l'ordonnance-loi n° 41-63 du 24 février 1950 portant sur la concurrence déloyale. Parmi les faiblesses que comportait l'action en cessation instituée par cette ordonnance-loi, on peut relever le fait que seul le concurrent visé par un acte contraire aux usages honnêtes en matière commerciale ou industrielle était admis à saisir le juge pour en obtenir la cessation, alors qu'un tel acte peut également nuire à l'intérêt général des opérateurs économiques et aux intérêts des consommateurs[236]. La Loi organique n° 18-020 du 9 juillet 2018 relative à la liberté des prix et à la concurrence a fort heureusement corrigé cette faiblesse puisque son article 74 donne désormais la possibilité, à toute personne justifiant d'un intérêt, d'exercer une action en cessation des pratiques litigieuses.

Il semble nécessaire de signaler que si les pratiques déloyales portent atteinte aux règles qui protègent les titres de propriété industrielle (brevets, marques de fabrique, dessins et modèles déposés), on sort de l'orbite du droit de la concurrence pour entrer dans la sphère du droit de la propriété industrielle avec, principalement la Loi n° 82-001 du 7 janvier 1982 régissant la propriété industrielle. Aux termes de cette loi, les droits de propriété industrielle sont protégés par l'action en contrefaçon. Il résulte, en effet, de son article 88 que toute atteinte portée sciemment aux droits de propriété industrielle constitue un délit de contrefaçon qui engage la responsabilité, tant pénale que civile, de son auteur. Selon l'article 93, alinéa 1er, le délit de contrefaçon est passible d'une peine de servitude pénale d'un à six mois et d'une amende dont le montant est fixé par les mesures d'exécution ou d'une de ces peines seulement. L'article 94 précise que l'action publique, pour l'application des peines prévues par la loi ne peut être exercée par le Ministère public que sur demande de la partie lésée, tandis que l'action civile fondée sur la contrefaçon n'est recevable que si le délit de contrefaçon est établi pénalement. Enfin, l'article 95 prévoit que lorsque l'action en contrefaçon aboutit, le tribunal compétent ordonnera la cessation, par le contrefacteur, de toute activité portant atteinte aux droits de la partie lésée. À la demande de celle-ci, le même tribunal pourra lui allouer des dommages et intérêts pour le préjudice subi et/ou ordonner, à son profit, la confiscation des objets reconnus contrefaits et, le cas échéant, celle des instruments ou ustensiles destinés spécialement à leur fabrication.

§4. Répression de la violation des autres règles relatives à la concurrence

Le pouvoir d'enquête, d'instruction et de sanction en ce qui concerne la violation de ces règles appartient principalement à la Commission de la concurrence. L'intervention du ministre ayant l'économie

---

[236] MASAMBA MAKELA, Roger, *Droit des affaires*, précité, p. 115.

nationale dans ses attributions est aussi prévue dans certains cas. La Commission de la concurrence a aussi une fonction consultative : elle émet des avis et recommandations adressées au ministre ayant l'économie nationale dans ses attributions. Les recours contre ces décisions et avis sont portés devant la juridiction judiciaire. Mais pour l'heure, et en attendant les mesures d'application de la Loi, nous ne disposons pas encore de détails sur la procédure devant la Commission de la concurrence. Nous nous contenterons d'indiquer quelques règles minimales contenues dans la loi elle-même, relativement à l'enquête, aux infractions et aux sanctions.

A. Enquête

Les enquêtes en matière d'exercice de la concurrence sont menées par les fonctionnaires ou les agents de la Commission de la concurrence revêtus de la qualité d'officiers de police judiciaire à compétence restreinte munis d'un ordre de mission valide.

Dans le cadre de l'exercice de leur mission, ces enquêteurs ne peuvent se voir opposer le secret professionnel, et ils ont le droit de pénétrer, entre 5 heures et 21 heures, dans les dépôts, fabriques, usines, magasins, débits et en général en tous lieux où les produits sont détenus à des fins industrielles, commerciales ou spéculatives, exposés ou mis en vente. Si les lieux sont ouverts au public, ils peuvent y pénétrer en dehors des heures fixées ci-dessus. Ils peuvent se faire produire à la première réquisition, ou rechercher tous documents, pièces ou livres utiles à l'accomplissement de leur mission. Mais en dehors des heures fixées ci-dessus, les enquêteurs ne peuvent procéder aux visites en tous lieux ainsi qu'à la saisie des documents sur tout support d'information que sur réquisition du parquet ou du juge compétent.

Les mesures d'application de la loi devront fournir plus de détails sur les modalités de l'enquête et sur l'instruction, mais on sait déjà que lorsque des infractions ont été constatées, elles doivent être notifiées aux contrevenants par courrier avec accusé de réception ou tout autre moyen laissant la preuve qu'ils ont été signifiés.

B. Infractions et sanctions

Constituent des infractions dans les domaines sous examen, les pratiques anticoncurrentielles, l'atteinte à la règlementation sur la concentration économique, les pratiques restrictives de la concurrence, ainsi que toute entrave ou tout empêchement volontaire à l'exercice des fonctions des agents en mission.

Après instruction, la Commission de la concurrence est habilitée à prendre des sanctions à l'encontre des entreprises fautives. Ceux-ci ont le droit de contester dans un délai de 15 jours suivant la notification des sanctions les décisions prises par la Commission de la concurrence par une lettre avec accusé de réception. Cette lettre est accompagnée de preuve, faute de quoi la décision de la Commission de la concurrence est maintenue.

En ce qui concerne particulièrement les pratiques anticoncurrentielles, elles sont passibles d'une amende égale à 50 % du bénéfice ou à 20 % du chiffre d'affaires réalisé sur le marché congolais au cours de l'exercice précédant l'année durant laquelle l'infraction a été commise, les pratiques anticoncurrentielles. En outre, la Commission de la concurrence est habilitée à infliger à une entreprise une amende n'excédant pas cent millions de francs congolais et/ou une astreinte n'excédant pas un million de francs congolais selon le cas, soit quand ladite entreprise ne s'est pas conformée aux dispositions de la loi, soit quand elle ne s'est pas conformée à une décision de la Commission, soit encore lorsqu'elle n'a pas fourni les renseignements ou les documents requis dans les délais spécifiés, soit enfin si elle a fourni des faux renseignements.

Et si une pratique anticoncurrentielle concerne plusieurs entreprises, ces amendes sont infligées indistinctement à chaque entreprise ayant pris part à l'infraction. La loi dispose aussi qu'en cas de récidive, l'amende est doublée.

Si malgré tout, l'entreprise fautive n'exécute pas les sanctions lui infligées par la Commission de la concurrence, celle-ci peut proposer sa fermeture temporaire au ministre ayant l'économie nationale dans ses attributions. La sanction de fermeture temporaire est donc de la compétence du ministre.

Notons aussi que le ministre ayant l'économie nationale dans ses attributions peut, à la demande de la Commission de la concurrence décerner , à toute entreprise ou groupe d'entreprises qui a pratiqué une exploitation abusive d'une position dominante ou d'un état de dépendance économique ayant produit une concentration, une injonction de modifier, de compléter ou de résilier, dans un délai qu'il fixe, tout accord ou tout acte qui a conduit aux abus par lesquels s'est réalisée la concentration de puissance économique, même si ces actes ont respecté la procédure légale. Et ici aussi, si l'entreprise ou le groupe d'entreprises concerné ne respecte pas cette injonction, la Commission de la concurrence peut proposer sa fermeture temporaire au ministre ayant l'économie nationale dans ses attributions.

Bibliographie

I. Instruments juridiques

1) Constitution de la République Démocratique du Congo, telle que modifiée par la Loi n° 11/002 du 20 janvier 2011 portant révision de certains articles de la Constitution de la République Démocratique du Congo du 18 février 2006.
2) Acte uniforme relatif au droit des sociétés commerciales et du groupement d'intérêt économique.
3) Décret-loi du 20 mars 1961 relatif aux prix, tel que modifié et complété par l'ordonnance-loi 83-026 du 12 septembre 1983.
4) Ordonnance-loi n°67/240 du 02 juin 1967 octroyant le monopole des assurances à la Société Nationale des Assurances, en sigle SONAS.
5) Loi n° 82-001 du 7 janvier 1982 sur la propriété industrielle.
6) Ordonnance-loi n° 86-033 du 5 avril 1986 portant protection des droits d'auteurs et des droits voisins.
7) Loi n°15/2002 du 16 octobre 2002 portant code du travail tel que modifié et complété par la loi n° 16/010 du 15 juillet 2016.
8) Loi n° 08/007 du 07 juillet 2008 portant dispositions générales relatives à la transformation des entreprises publiques.
9) Loi n° 08/008 du 07 juillet 2008 portant dispositions générales relatives au désengagement de l'Etat des entreprises du portefeuille.
10) Loi n° 15/005 du 17 mars 2015 portant code des assurances.
11) Loi organique n° 18-020 du 9 juillet 2018 relative à la liberté des prix et à la concurrence.

II. Ouvrages

1) ANOUHAKA, François et alii, *OHADA. Sociétés commerciales et G.I.E.*, Bruxelles, Bruylant, 2002.
2) ARCELIN-LECUYER, Linda, *Droit de la concurrence*, Presses universitaires de Rennes, 2013.
3) BEBIN, X., *Pourquoi punir ?, L'approche utilitariste de la sanction pénale*, Paris, L'Harmattan, 2006.
4) BLAISE, Jean-Bernard et DESGORCES, Richard, *Droit des affaires. Commerçants, concurrence, distribution*, 8ème édition, LGDJ Lextenso éditions.

5) BOUCAULT, Jocelyne et alii, *Droit des sociétés*, Paris, Editions Foucher, 1996.
6) CLAMOUR, G., *Intérêt général et concurrence : essai sur la pérennité du droit public en économie de marché*, Paris, Dalloz, 2006.
7) CLÉMENT, B., *La libre concurrence*, Paris, coll. « Que sais-je ? », 1977.
8) COLLART DUTILLEUL, François et DELEBECQUE, Philippe, *Contrats civils et commerciaux*, 11ème édition, Paris, Dalloz, 2019.
9) COOPER ROYER, Jean, *De la fusion des sociétés : essai juridique*, Paris, Dalloz, 1933.
10) DE MAISON ROUGE, Olivier, *Le droit de l'intelligence économique : patrimoine informationnel et secrets d'affaires*, Rueil-Malmaison, Lamy, 2012.
11) DIEYE, Alioune, *Régime juridique des sociétés commerciales et du GIE dans l'espace Ohada (Acte uniforme sur le droit des sociétés commerciales et du GIE (AUSCGIE) révisé en 2014)*, Cabinet Aziz Dieye, quatrième édition, 2014.
12) DORANDEU, Nicolas, *Le dommage concurrentiel,* Presses universitaires de Perpignan, 2000.
13) FORTUNATO, Aurélien, *Clauses et pratiques restrictives de concurrence*, Université du Droit et de la Santé - Lille II, 2016.
14) FRISON-ROCHE, Marie-Anne (Dir.), *Droit commercial. Actes de commerce – commerçants - fonds de commerce – concurrence - consommation*, Paris, Dalloz, 2015.
15) GRYNFOGEL, Catherine et MARTHAN, Jérémie, *L'essentiel du Droit de la concurrence*, Montchrestien, LGDJ, Gualino éditeur, Lextenso éditions, 2010.
16) GUINCHARD, Serge et DEBARD, Thierry (dir.), *Lexique des termes juridiques*, 25e édition 2017-2018, Dalloz, 2018.
17) KUMBU ki NGIMBI, Jean-Michel, *Législation en matière économique*, 4è édition (revue et augmentée), Kinshasa, Editions de l'Institut Africain des Droits de l'Homme et de la Démocratie (I.A.D.H.D.), 2020.
18) KUMBU ki NGIMBI, Jean-Michel, *Droit de la propriété intellectuelle*, 3ème édition (revue et augmentée), Kinshasa, Editions de l'Institut Africain des Droits de l'Homme et de la Démocratie (I.A.D.H.D.), 2020.
19) LEHUEDE, Pascal, *Droit de la concurrence*, Bréal, Lexifac Droit, 2012.

20) MARTOR, Boris et THOUVENOT, Sébastien, *La fusion des sociétés issues du droit O.H.A.D.A.*, Ohadata-D-04-19.

21) MASAMBA MAKELA, *Droit économique congolais*, Kinshasa, Editions Droit et idées nouvelles ; Louvain-la-Neuve, Bruylant-Academia, 2006.

22) MASAMBA MAKELA, Roger, *Droit des affaires. Cadre juridique de la vie des affaires au Zaïre*, Kinshasa, Cadicec ; Bruxelles, De Boeck, 1996.

23) MUKADI BONYI (dir.), *Cinquante ans de législation post coloniale au Congo-Zaïre : quel bilan ?*, Bruxelles, CRDS, 2010.

24) NOVAK, Michael, *Une éthique économique. Les valeurs de l'économie de marché.* Traduit de l'américain par Bernard Dick avec la collaboration de Marcelline Brun, Paris, Institut La Boétie - Cerf, 1987.

25) NURIT-PONTIER, L., *Les groupes de sociétés*, Collection Le droit en question, Editions Ellipse, 1998.

26) PEDAMON, M., *Droit commercial, commerçants et fonds de commerce, concurrence et contrats du commerce*, Dalloz, 1994.

27) PENARD Thierry, *Concurrence et économie industrielle*, Rennes 1, CREM.

28) POUGOUE, Paul-Gérard, ANOUKAHA, François, et NGUEBOU TOUKAM, Josette, *Le droit des sociétés commerciales et du groupement d'intérêt économique Ohada*, Yaoundé, Presses universitaires d'Afrique, 1998.

29) REIS, Patrice, *Concurrence entravée et concurrence excessive : Liberté d'accès au marché et le développement durable*, Droit, Université Nice Sophia Antipolis, 2008.

30) SMITH, Adam, *Enquête sur la nature et les causes de la richesse des nations*, Paris, PUF, 1998.

31) TEXIER, Michel, *La désorganisation. Contribution à l'élaboration d'une théorie de la désorganisation en droit de l'entreprise*, Presses universitaires de Perpignan, 2006.

32) TOENGAHO LOKUNDO, F, *Les Constitutions de la République démocratique du Congo. De Joseph Kasa-Vubu à Joseph Kabila*, Kinshasa, PUC, 2008.

33) VUNDUAWE te PEMAKO, F., *Traité de droit administratif*, Bruxelles, Afrique Éditions - Larcier, 2007.

34) ZEVOUNOU, Lionel, *Les usages de la notion de la concurrence en droit*, Paris, LGDJ, 2012.

III. Articles de revues et contributions

1) ABDOU ASSANE, Zeinabou, « La nationalité des sociétés dans les pays de l'espace OHADA : les cas du Niger, du Sénégal et de la RD Congo », in *Revue CAMES/SJP*, n°001/2016, p. 5

2) BAKANDEJA wa MPUNGU, G., « La nouvelle Constitution de la République Démocratique du Congo : sources et innovations », in *Annales de la Faculté de Droit*, Université de Kinshasa, PUK, 2007

3) BARBET, Philippe, « Du dumping comme pratique loyale et de l'anti-dumping comme barrière aux échanges », in *Revue française d'économie*, volume 10, n°2, 1995, pp. 3-33.

4) BARTHELEMY, Jérôme, « Le choix de la franchise ou de l'intégration verticale : une étude empirique », in *Management international / Gestiòn Internacional /International Management*, *13* (4), 2009, pp. 65–72.

5) BELLIS, Jean-François et PETIT, Nicolas, « Le droit de la concurrence : précautions utiles lors de la rédaction d'un contrat de distribution », in DELFORGE, Catherine (Coord.), *Actualités en matière de rédaction des contrats de distribution*, Bruylant, 2014, pp. 39-62.

6) BOISTEL, Philippe, « La réputation d'entreprise : un impact majeur sur les ressources de l'entreprise », in *Management Prospective Ed., "Management & Avenir»"*, 2008/3 n° 17, pp 9-25.

7) CHABAS, François, « L'astreinte en droit français », in *Doutrinas Essenciais Obrigações e Contratos*, Vol. 2, Jun 2011, p. 1159.

8) CHAPUT, Frédérique, « L'autonomie de la filiale en droit des pratiques anticoncurrentielles », in *Contrat-concurrence-consommation, Revue mensuelle Lexisnexis Jurisclasseur*, Janvier 2010, pp. 11-15.

9) COULIBALY Abou Saïb, « Le droit de la concurrence de l'Union Economique et Monétaire Ouest-africaine », Ohadata D-05-27.

10) DALLERY, Thomas, ELOIRE, Fabien et MELMIES, Jordan, « La fixation des prix en situation d'incertitude et de concurrence : Keynes et White à la même table », in *La Découverte, Revue Française de Socio-Économie*, 2009/2 n° 4, pp.177-198.

11) DIAWARA, Karounga, « La réforme du droit des ententes anticoncurrentielles : aperçu du domaine du nouveau régime hybride à double volet », in *Bulletin de droit économique*, Volume 1, Numéro 3 (Automne 2010), pp. 23-28.

12) ENCINAS DE MUNAGORRI, Rafael, « Propos sur le sens de la réparation en droit français de la responsabilité, in *Revue générale de droit*, *33* (2), 2003, pp. 211-221.
13) FLINT, David, « Comportements parallèles conscients, et pratiques concertées (Comparaison du droit antitrust aux États-Unis, dans la Communauté économique européenne et en Australie) », in *Revue internationale de droit comparé*. Vol. 33 N°1, Janvier-mars 1981, pp. 33-53.
14) GATSI, Jean, « Filiale, succursale, groupe de sociétés », in POUGOUE, Paul-Gérard (dir.), *Encyclopédie du droit OHADA*, Lamy, 2011, pp. 793-803.
15) GLAIS, Michel, « Chronique de la concurrence - Les pratiques discriminatoires dans les relations fournisseurs-distributeurs », in *Revue d'économie industrielle*, Vol. 72, 2e trimestre, 1995, pp. 81-97.
16) HARDY, Jean-Pierre, « La fermeture définitive d'un établissement... et après? », in *IASS La Revue*, n° 34, Octobre 2007, p. 47.
17) HOUTCIEFF, Dimitri, « La nullité, sanction des pratiques anticoncurrentielles à la croisée du droit de la concurrence et du droit des contrats », in *Revue juridique de l'Ouest*, 2005-1, pp. 3-15.
18) HUBERT, Patrick et CASTAN, Adrien, « Droit constitutionnel et liberté de la concurrence », in *Les Nouveaux Cahiers du Conseil constitutionnel*, 2015/4 (n° 49), pp. 15-27.
19) IDOT, Laurence, « Mondialisation, liberté et régulation de la concurrence. Le contrôle des concentrations », in *Revue internationale de droit économique*, 2002/2 t. XVI, pp. 175-205.
20) JANIN, Lionel et MENONI, Benoît, « Le contrôle des concentrations en France : une analyse empirique des avis du conseil de la concurrence », in *Économie & prévision*, 2007/2 n°178-179, pp. 93-114.
21) KONE, Mamadou, « La notion de groupe de sociétés en droit OHADA », in *Penant*, n° 856, p. 285.
22) LAMONTAGNE, Maurice, « Les cartels et l'arbitrage des prix », in *Relations industrielles / Industrial Relations*, *5* (7), pp. 63–66.
23) LE MORHEDEC, Erwan, « Marchés publics et concurrence : liberté, égalité, transparence », in *Revue Lamy Droit des affaires*, octobre 2004, n° 75, pp. 15-24.
24) MASIALA MUANDA VI Y., Jean, « Plaidoyer pour la mise en place d'un observatoire du droit au travail en RD Congo », in MANZANZA L., Yves-Junior et MONSENEPWO M., Justin, *Droit,*

bonne gouvernance et développement durable en RDC, *Mélanges en l'honneur du Professeur Jean-Michel Kumbu ki Ngimbi*, Paris, L'Harmattan, 2018, pp. 133-185.
25) MBAYE, Mayatta Ndiaye, « Le transfert intracommunautaire de siège social dans l'espace Ohada », in *Penant*, n° 857, octobre-décembre 2006.
26) MBAYE, Mayatta Ndaye, « Fusions, scissions et apports partiels d'actifs », in POUGOUE, Paul-Gérard (dir.), *Encyclopédie du droit OHADA, Lamy*, 2011, pp. 866-885.
27) MICHAUD, Cécile, « La preuve des discriminations en droit du travail », in *La Semaine Juridique Social*, n° 46, 13 Novembre 2012, 1481, par. 1.
28) MOUSSERON, Jean-Marc, « Aspects juridiques du know-how », in *Cahiers droit de l'entreprise*, 1972/1, p. 1.
29) NDAYE MBAYE, Mayatta, « Les groupes de sociétés dans l'organisation pour l'harmonisation du droit des affaires (OHADA) », in *Penant*, n° 848, p. 280.
30) NEPVEU, Brigitte, GHORAYEB, Gretta et THERIAULT-LACHANCE, Geneviève, « La portée des clauses de non-concurrence : une notion en constante évolution ? », in *Les Cahiers de propriété intellectuelle,* Vol. 28, no 2, 2016, pp. 531-549.
31) PLAISAND, René, « La réglementation de la publicité », in *Les Cahiers de la publicité*, n°20, 1968, pp. 74-84.
32) POHE TOKPA, Denis, « Personnalité morale des sociétés », in POUGOUE, Paul-Gérard (dir.), *Encyclopédie du droit OHADA*, Lamy, 2011, p. 1358.
33) REBOUD, Louis, « Dimension des entreprises, concentration et concurrence », in *L'Actualité économique*, Revue d'analyse économique, Volume 42, numéro 3, octobre–décembre 1966, pp. 429-457.
34) ROCHFELD, Judith, « A la croisée du droit de la concurrence et du droit des contrats : l'apport des pratiques restrictives de concurrence », in *Revue juridique de l'Ouest*, 2004-4, p. pp. 473-486.
35) TRISTAN, Jacques, « Refus de vente interdit ! Quand la politique de la concurrence œuvre à la réforme de la distribution », in *Gouvernement et action publique*, Presses de Sciences Po, 2016/4, Vol. 5, pp. 47-67.
36) ULLRICH, Hanns, « Propriété intellectuelle, concurrence et régulation – limites de protection et limites de contrôle », in *Revue internationale de droit économique*, 2009/4 (t. XXIII, 4), pp. 399-450.

IV. Thèses et mémoires

1) CHAHKAR MIAN POSHTEH, Benjamin, *L'étude du secret commercial et industriel : approche comparatiste en droit civil par l'exemple de sa relation avec la propriété intellectuelle (France et Québec)*, Mémoire de Maîtrise en Droit, Université Laval et Université de Paris-Sud, 2018.
2) COUREAULT, Elisabeth, *La concurrence déloyale en droit international privé communautaire*, Thèse en vue de l'obtention du grade de Docteur en droit privé, Université Nancy 2, 17 décembre 2009.
3) MALVIYA, Natasha, *Les ventes avec primes et les ventes liées déloyales*, Mémoire de Master 2 Droit de la concurrence et de la consommation, Université de Montpellier 1, 2011-2012.
4) POTIER, Justine, *Le prononcé de l'amende*, Mémoire de Master II, Université de Reims Champagne-Ardenne, 2012.
5) SANGARE, Yacouba, *Les Sanctions en droit du travail : étude comparative du droit français et du droit malien*, Thèse de doctorat en droit, Université de Cergy Pontoise, 2012.

V. Autres documents

1) BOY, Laurence, *Droit de la concurrence approfondie*, 2006.
2) BOY, Laurence, *Le droit de la concurrence : régulation et/ou contrôle des restrictions à la concurrence*, EUI Working Paper LAW n° 2004/9, Badia Fiesolana, San Domenico (FI), 2004.
3) Communication de la Commission- Orientations sur les priorités retenues par la Commission pour l'application de l'article 82 du TCE aux pratiques d'éviction abusives des entreprises dominantes, Communication 2009/C 45/02, JOUE 24/02/2009, C 45/7.
4) Conférence des Nations Unies sur le commerce et le développement, *L'abus de position dominante*, Rapport du secrétariat de la CNUCED, Conseil du commerce et du développement, Commission de l'investissement, de la technologie et des questions financières connexes Groupe intergouvernemental d'experts du droit et de la politique de la concurrence, Neuvième session, Genève, 15-18 juillet 2008, Point 3 a) de l'ordre du jour provisoire.
5) Courrier juridique des affaires sociales et des sports, Bimestriel d'information juridique de l'administration sanitaire, sociale et des sports, n° 88, septembre-octobre 2011.

6) La protection du savoir-faire, Réflexion sur les pistes d'évolution du cadre juridique des actifs incorporels non éligibles à la protection par le code de la propriété intellectuelle, avec le soutien de la DGE et de l'Observatoire de l'Immatériel, 5 mai 2015.
7) LASALLE, Jean Yves, « *Amende – Jour-amende* », Dalloz, octobre 2003.
8) Les sanctions administratives en droit français, www, p. 2.
9) Libéralisme." Microsoft® Encarta® 2009 [DVD]. Microsoft Corporation, 2008.
10) Option Consommateurs, *La vente à prix d'appel : encadrement au Canada et au Royaume-Uni et collecte de renseignements dans le commerce au détail*, Rapport de recherche, réalisé par Option consommateurs et présenté au Bureau de la consommation d'Industrie Canada, Montréal, Mai 2012.
11) Organisation mondiale de la propriété intellectuelle, *Comprendre la propriété industrielle*, Publication de l'OMPI n° 895 (F).
12) Règles de concurrence et loyauté dans les relations d'affaires. Recommandations pratiques, Ets J. Soufflet, Direction juridique, Programme de conformité au droit de la concurrence, Février 2017.
13) SAUVE, Jean-Marc, *La sanction : regards croisés du Conseil d'Etat et de la Cour de cassation*. Colloque du vendredi 13 décembre 2013. Allocution.
14) VILLION, Jérôme, *La concentration industrielle est-elle un obstacle à la concurrence ?* (ESCP – EAP, 2006), 16 août 2006.

Annexe : Loi organique n° 18-020 relative à la liberté des prix et à la concurrence

Loi organique n° 18-020 du 9 juillet 2018 relative à la liberté des prix et à la concurrence

Exposé des motifs

Le droit congolais en matière de prix se résume au décret-loi du 20 mars 1961 tel que modifié et complété par l'ordonnance-loi 83-026 du 12 septembre 1983 qui porte les dispositions relatives aux prix, particulièrement sur la transparence et la loyauté des prix dont l'adaptation s'avère nécessaire au regard de l'évolution institutionnelle du pays.

En matière de concurrence, il se résume à l'ordonnance-loi 41-63 du 24 février 1950 portant sur la concurrence déloyale ainsi qu'à l'arrêté départemental du 15 juin 1987 portant création et fonctionnement de la Commission de la concurrence.

L'ordonnance-loi 41-63 du 24 février 1950 fut élaborée dans une optique strictement répressive et ne comporte que cinq articles d'une brièveté incompatible avec l'évolution dans le domaine de prix et de concurrence.

Par ailleurs, les dispositions de l'ordonnance sus-évoquée n'abordent nullement les pratiques anticoncurrentielles, les pratiques restrictives de la liberté des prix et de la concurrence. Et pourtant, la liberté des prix reste la forme principale de la concurrence. Le prix reste aussi l'instrument par lequel certains intervenants restreignent la concurrence sur le marché. Le marché doit être protégé sans nuire à l'émergence des grands groupes industriels et commerciaux. Les questions touchant aux concentrations économiques ainsi que les pratiques anticoncurrentielles ne peuvent demeurer non régies par la loi. Elles doivent de ce point de vue, faire l'objet des règles et des procédures légales précises.

La présente loi qui trouve son fondement constitutionnel dans les articles 122 point 8 ainsi que 202 points 27 et 36 de la Constitution tend à répondre à ces préoccupations. Il s'agit de faire émerger un marché économique moderne dans lequel la liberté des prix et la concurrence sont de mise, tout en assurant la protection de l'intérêt général.

Elle vise à établir des règles claires, à préciser les procédures en la matière et à gérer le contentieux.

Du point de vue de la régulation, l'option levée dans le cadre de cette loi est d'avoir une Commission de la concurrence, placée sous la tutelle du ministre ayant l'économie nationale dans ses attributions.

Elle est subdivisée en 4 titres :

Titre Ier: Des dispositions générales ;
Titre II: Des règles relatives à la liberté des prix ;
Titre III: Des règles relatives à la concurrence ;
Titre IV: Des dispositions transitoire, abrogatoire et finale.

Telle est l'économie générale de la présente loi.

Loi organique

L'Assemblée nationale et le Sénat ont adopté ;
Le président de la République promulgue la Loi dont la teneur suit :

Titre Ier. DES DISPOSITIONS GÉNÉRALES

Chapitre Ier. DE L'OBJET ET DU CHAMP D'APPLICATION

Art. 1er. La présente loi a pour objet de fixer les règles applicables à la liberté des prix et d'organiser la libre concurrence. Elle définit les dispositions de protection de la concurrence afin de stimuler l'efficience des relations commerciales. Elle vise à assurer la transparence, la régularité et la loyauté des prix ainsi que la lutte contre les pratiques restrictives et la hausse illicite des prix.
Elle a également pour objet le contrôle de la concentration économique.

Art. 2. La présente loi s'applique à tous les secteurs de l'économie nationale et à toutes les activités de production, de distribution de biens et de services réalisées sur le territoire national par des

personnes physiques ou morales, publiques ou privées qu'elles aient ou non leur siège ou des établissements en République démocratique du Congo, dès lors que leurs opérations ou comportements ont un effet sur la concurrence sur le marché ou sur une partie substantielle de celui-ci.
Elle s'applique également aux publications et éditions faites par les instituts ou autres organismes de recherche.

Chapitre II. DES PRINCIPES

Art. 3. La liberté de commerce et de l'industrie est garantie en République démocratique du Congo.
Elle s'exerce dans le cadre de la liberté de prix et de la libre concurrence conformément aux règles fixées par la présente loi.

Art. 4. La liberté de prix donne le droit à toute personne exerçant une activité économique ou commerciale de fixer le prix de son bien ou service dans les conditions prévues par la présente loi.
La liberté de concurrence implique le droit pour toute personne d'exercer une activité économique ou commerciale de son choix aux conditions qu'elle juge compétitives, qu'elle fixe librement sous réserve des restrictions légales.
Son exercice ne doit porter atteinte ni à la protection de la propriété industrielle et intellectuelle, ni aux droits légitimes des tiers.

Chapitre III. DES DÉFINITIONS

Art. 5. Au sens de la présente loi, on entend par :

1. abus de position dominante : le fait pour une entreprise ou un groupe d'entreprises d'occuper une position sur un marché ou une partie substantielle de celui-ci, afin de tirer profit de sa position ;
2. commerce triangulaire : le fait pour un opérateur économique de se créer artificiellement une place sur le circuit de distribution afin de réaliser des bénéfices indus ;
3. concurrence déloyale: recours aux procédés contraires à la loi et aux usages de commerce de nature à causer un préjudice ou simplement un trouble commercial aux concurrents ;

4. dénigrement : le fait de tenir directement ou indirectement un propos tendant à jeter le discrédit sur la personne ou sur les produits du concurrent ;
5. détention des stocks : le fait pour un opérateur économique de conserver ou de posséder un stock ou des stocks pour une utilisation future dans le cadre de ses activités ;
6. fixation des prix : le fait pour un opérateur économique de déterminer la valeur marchande d'un bien ou d'un service ;
7. monopole de fait : situation économique dans laquelle le jeu de la libre concurrence n'existe pas en raison de l'extrême puissance d'une entreprise ou un groupe d'entreprises qui domine et dicte ses conditions dans le marché ;
8. monopole légal : droit exclusif d'exploitation d'un service, d'un produit ou d'un titre établi en vertu d'une loi ;
9. position dominante : le fait pour une entreprise ou un groupe d'entreprises d'occuper une situation de monopole de fait ou légal ou de disposer d'un avantage concurrentiel tel qu'il a le pouvoir de faire obstacle au maintien de la concurrence effective sur le marché, en raison de sa force économique, financière ou technologique ;
10. pratique anticoncurrentielle : toute pratique qui aurait pour effet d'empêcher, de fausser ou de restreindre de manière sensible l'exercice de la concurrence au niveau du marché intérieur ;
11. personnes publiques : pouvoir central, provinces et entités territoriales décentralisées ainsi que les organismes créés par ces personnes aux fins d'intervention en matière économique ;
12. prix illicite : prix supérieur au prix fixé conformément aux dispositions de la présente loi et à leurs mesures d'application ou prix supérieur au prix réglementé ;
13. produit: toute denrée et marchandise offertes aux consommateurs ;
14. produits d'occasion : tout bien ou service qui, à un stade quelconque de la production ou de la distribution, est devenu propriété d'un consommateur, par acte de négoce ou par tout acte à titre onéreux ou à titre gratuit ainsi que tous produits qui, par suite de dommages matériels, ont subi une dépréciation de leur valeur marchande ;
15. rétention des stocks: le fait, pour un producteur ou un commerçant, de différer la mise en œuvre des matières premières ou de produits semi-finis ou de conserver un stock de produits destinés à la vente supérieur au stock normal ;

16. service: toute prestation à l'exclusion de celles fournies en exécution d'un contrat de louage de services ou d'apprentissage ;
17. vente avec boule de neige: offre des marchandises à titre gratuit ou à un prix réduit sous condition, pour l'acheteur, de recueillir des commandes semblables passées par de nouveaux clients ;
18. vente à perte: vente d'un produit en l'état à un prix inférieur à son coût d'achat ;
19. vente à prime: vente dont la particularité réside dans le fait que l'acquéreur d'un bien se verra offrir des cadeaux complémentaires pour le remercier de son acte d'achat.

Titre II. DES RÈGLES RELATIVES A LA LIBERTÉ DES PRIX

Chapitre Ier. DE LA FIXATION DES PRIX

Art. 6. Les prix des biens et services sont librement fixés par ceux qui en font l'offre.
Ils ne sont pas soumis à homologation préalable mais doivent, après qu'ils aient été fixés, être communiqués, avec le dossier y afférent, au ministre ayant l'économie nationale dans ses attributions, pour un contrôle a posteriori.

Art. 7. Le ministre ayant l'économie nationale dans ses attributions détermine les modalités de calcul et de fixation des prix ainsi que la marge bénéficiaire maximale autorisée aux commerçants autres que les professions libérales.

Art. 8. Par dérogation à la disposition de l'article 6 ci-dessus, les prix des hydrocarbures et des transports publics sont fixés par le ministre ayant l'économie nationale dans ses attributions tandis que les prix de l'électricité et de l'eau sont fixés conjointement par les ministres ayant l'économie nationale, l'électricité et l'eau dans leurs attributions.
Pour le transport public, il peut déléguer cette compétence aux gouverneurs des provinces.

Art. 9. Sur proposition du ministre ayant l'économie nationale dans ses attributions, le Gouvernement peut, en vue de lutter contre les hausses excessives de prix, réglementer les prix des biens et services lorsque le jeu de la concurrence ne peut plus être maintenu en raison de situations de monopole de fait ou de restriction sévère de l'offre.

Art. 10. Dans une situation de crise, de calamité naturelle ou des circonstances exceptionnelles provoquant ou menaçant de rompre l'équilibre du marché par une désorganisation des capacités d'approvisionnement et de stockage des produits, le Gouvernement peut, sur proposition du ministre ayant l'économie nationale dans ses attributions, réglementer les prix des biens et services.

Art. 11. La liberté de fixation des prix de revente des biens et services est garantie.
À l'exception du domaine de l'édition pour la vente des livres et de la presse écrite pour la vente des journaux et périodiques, est nulle toute disposition qui impose un caractère minimal au prix de revente d'un produit ou d'un bien, d'une prestation de service ou à une marge commerciale.

Chapitre II.

Art. 12. Tout vendeur de produit ou tout prestataire de services, à l'exception des prestations offertes par l'exercice d'une profession libérale, est tenu d'informer le consommateur du prix par voie de marquage, d'étiquetage ou par tout autre procédé approprié.

Art. 13. Tout producteur, grossiste, importateur ou prestataire des services est tenu de communiquer à tout revendeur son barème de prix et ses conditions générales de vente.
La communication est faite par écrit. Elle comprend, outre les modalités de règlement, les rabais et ristournes accordés de façon permanente ou occasionnelle ainsi que les actions promotionnelles du distributeur.

Art. 14. Toute vente de produits, toute prestation de service pour une activité professionnelle fait l'objet d'une facturation.
La facture est délivrée dès la réalisation de la vente ou de la prestation de service.
L'acheteur la réclame lorsqu'elle n'est pas spontanément remise.

Art. 15. La facture indique le nom ou la raison sociale du vendeur, le siège social, le numéro du registre de commerce et du crédit mobilier, le nom de l'acheteur ou client et la date. Elle donne toutes

spécifications permettant d'identifier la marchandise vendue, la quantité vendue, le prix unitaire, le total par article et le total de la vente pour un bien d'une part, la nature des prestations fournies, le prix unitaire et la valeur totale pour un service d'autre part. Les taxes, les remises, les rabais et les ristournes accordés y sont également indiqués.
La facture est établie suivant une numérotation ininterrompue, par ordre des dates, sans blanc, lacunes, ratures ni surcharges et copies doivent être reliées périodiquement au moins tous les mois.
La présentation des factures d'achat et de la structure de prix à la demande de l'autorité compétente est obligatoire.

Art. 16. Le ministre ayant l'économie nationale dans ses attributions prescrit et réglemente :

1. l'affichage du prix des produits exposés ou offerts en vente ;
2. la publication du tarif des prestations offertes au public, à l'exception de celles qui relèvent de l'exercice d'une profession libérale ;
3. l'établissement et la remise à l'acheteur ou au client d'une facture détaillée :
a) pour toute vente en gros ;
b) pour toute vente au détail et toute prestation de service.

Art. 17. Le vendeur est responsable du défaut et des irrégularités de la facture.
La seule constatation de la violation d'une disposition légale ou réglementaire implique, dans le chef de son auteur, l'intention coupable.

Art. 18. Toute revente à perte est prohibée, à l'exception notamment des ventes réalisées en dessous de leur coût d'achat pour les :

1. produits périssables menacés d'altération rapide ;
2. produits dont le commerce présente un caractère saisonnier marqué lorsque la vente a lieu soit pendant la période terminale de la saison, soit entre deux saisons de vente ;
3. produits qui ne répondent plus à la demande générale en raison de l'évolution de la mode ou de l'apparition de perfectionnements techniques ;

4. produits dont le réapprovisionnement s'est effectué en baisse ;
5. produits dont le prix de vente est aligné sur le prix légalement pratiqué pour les mêmes produits par un autre commerçant dans la même zone ;
6. ventes à soldes règlementaires de fin de saison et limitées dans le temps ;
7. ventes volontaires ou forcées motivées par la cessation ou le changement d'une activité commerciale dans la mesure où elles présentent un caractère occasionnel ou exceptionnel.

Art. 19. Est interdit le fait pour un distributeur de lancer une campagne publicitaire d'un produit déterminé pour lequel il adopte un niveau de marge bénéficiaire si faible et dispose des quantités tellement insuffisantes que les bénéfices à en attendre ne sont pas en rapport avec l'importance de la campagne dans l'intention pour le distributeur à pratiquer une dérive des ventes et à proposer des produits de substitution à celui suggéré dans la publicité.

Chapitre III. DES DISPOSITIONS SPÉCIALES APPLICABLES AUX COMMERCANTS, INDUSTRIELS, PRODUCTEURS AGRICOLES ET ARTISANS

Art. 20. Tout commerçant, industriel, producteur agricole et artisan établit, au moyen de livres, factures ou tous autres documents :

1. la quantité des produits qu'il détient ainsi que leur provenance ;
2. le prix de revient des produits offerts en vente ou des prestations offertes au public ainsi que le prix de vente des produits ou le prix de prestations.

Art. 21. Il est interdit à tout commerçant, industriel, producteur agricole et artisan de :

1. refuser de satisfaire, dans la mesure de ses possibilités, aux demandes des acheteurs des produits ou aux demandes de prestations des services lorsque ces demandes ne présentent aucun caractère anormal et qu'elles émanent des demandeurs de bonne foi ;
2. subordonner la vente d'un produit ou la prestation d'un service quelconque soit à l'achat concomitant d'autres produits, soit à l'achat d'une quantité imposée, soit à la prestation d'un autre service, sauf en

cas de biens constituant un kit, un jeu emballé dans un même paquet ou d'un service après-vente nécessaire ;
3. pratiquer à l'égard d'un partenaire économique ou d'obtenir de lui des prix, des délais de paiement, des conditions ou des modalités de vente ou d'achat discriminatoires et non justifiées par des contreparties réelles, en créant, de ce fait, pour ce partenaire, un désavantage ou un avantage dans la concurrence ;
4. vendre ou acheter en vue de revendre les produits, biens ou marchandises dont la provenance est inconnue. Lesdits produits, biens ou marchandises sont saisis.

Art. 22. Est interdite toute détention d'un stock de produits quelconques dans l'intention d'en provoquer la pénurie.

Art. 23. Est également interdite aux commerçants, industriels, producteurs agricoles et artisans, la détention, en vue de la vente, d'un stock de produits étrangers à leur commerce, industrie, exploitation ou métier, à l'exception des produits manifestement destinés à la satisfaction des besoins d'approvisionnement familial.

Art. 24. Est interdit au commerçant, industriel, artisan, la rétention des stocks.

Chapitre IV. DE LA PRATIQUE DE PRIX ILLICITES

Art. 25. La pratique de prix illicites est interdite.
Constituent les actes infractionnels de la pratique de prix illicites :

1. toute vente de produits, prestation de service, offre, propositions de vente de produits ou de prestation de services faites ou contractées à un prix illicite ;
2. tout achat et offre d'achat de produits ou toute demande de prestations de services faits ou contractés à un prix illicite ;
3. toute vente ou offre de vente et tout achat ou offre d'achat comportant, sous quelque forme que ce soit, une prestation occulte ;
4. toute prestation de services, offre de services comportant, sous quelque forme que ce soit, une rémunération occulte ;
5. toute vente ou offre de vente et tout achat ou offre d'achat comportant la livraison de produits inférieurs en quantité ou en qualité

à ceux facturés ou à facturer, retenus ou proposés, ainsi que les achats contractés dans les conditions ci-dessus visées ;
6. toute prestation de services, ou offre de prestation de services, toute demande de prestations de services comportant la fourniture de travaux ou de services inférieurs en importance ou en qualité à ceux retenus ou proposés pour le calcul du prix de ces prestations, offres ou demandes de services, ainsi que les prestations de services acceptées dans les conditions ci-dessus ;
7. toute vente ou offre de vente de produits et toute prestation ou offre de prestation de services subordonnée à l'échange d'autres produits ou services, hormis celles qui visent la satisfaction de besoins personnels ou familiaux.

Titre III. DES RÈGLES RELATIVES À LA CONCURRENCE

Chapitre Ier. DE L'INTERVENTION DES PERSONNES PUBLIQUES DANS LE DOMAINE ÉCONOMIQUE

Art. 26. Les personnes publiques peuvent intervenir dans le domaine économique en vue de concurrencer l'initiative privée dans les cas ci-après :

1. insuffisance de l'initiative privée ;
2. rattachement de l'objet du service à l'exercice d'une attribution légale de la personne publique ;
3. satisfaction de leurs propres besoins de fonctionnement de service ;
4. amélioration des prestations de service dans l'intérêt de la population.

Art. 27. Les services, les établissements publics et les sociétés commerciales créés sur base des dispositions de l'article 26 ci-dessus sont délimités dans leur objet par le principe de la spécialité de leur activité.

Chapitre II. DES PRATIQUES ANTICONCURRENTIELLES

Art. 28. Tout opérateur économique est tenu de respecter les règles du libre jeu de la concurrence afin qu'elle soit saine et loyale.
Toute pratique tendant à faire obstacle, sous diverses formes, à l'évolution positive des lois du marché constitue une infraction.
Sont nuls les accords, conventions ou clause contractuelle se rapportant aux pratiques anticoncurrentielles.

Art. 29. Les pratiques anticoncurrentielles sont constituées des ententes anticoncurrentielles, des abus de position dominante et de l'exploitation abusive de l'état de dépendance économique.

Art. 30. Sont prohibées, les ententes anticoncurrentielles, lorsqu'elles tendent notamment à :

1. limiter l'accès au marché à d'autres acteurs économiques et le libre jeu de la concurrence ;
2. se répartir les marchés et les sources d'approvisionnements ;
3. empêcher la fixation des prix par le libre jeu du marché en favorisant artificiellement la hausse ou la baisse des prix ;
4. entraver la production, les débouchés, les investissements ou le progrès technique ;
5. fausser le résultat d'un appel d'offres en faisant concourir des filiales d'un même groupe, avec ou sans la société mère, en dissimulant leur appartenance au groupe.

Sont constitutives d'ententes anticoncurrentielles, les actions concertées, les conventions expresses ou tacites ainsi que les coalitions d'intervenants sur un marché.

Art. 31. Les ententes dont les auteurs justifient qu'elles ont pour effet de garantir le progrès économique, la création et le maintien de l'emploi peuvent être autorisées préalablement par la Commission de la concurrence dans les conditions déterminées par décret du Premier ministre délibéré en Conseil des ministres.
Les atteintes imposées à la concurrence par ces types d'accord sont valables pour autant qu'elles soient nécessaires au progrès économique et qu'une partie substantielle de leur résultat soit équitablement répartie entre les intervenants.

Art. 32. Sont interdits les abus de position dominante sur le marché intérieur.
Les abus de position dominante sur le marché intérieur sont constitués notamment de pratiques ci-après :

1. le refus de vente ;
2. la vente subordonnée ;
3. les conditions discriminatoires de vente ;
4. la rupture abusive des relations commerciales établies.

Art. 33. Est interdite l'exploitation abusive de l'état de dépendance économique.
Une entreprise est en état de dépendance économique lorsqu'elle ne peut s'approvisionner, en raison des caractéristiques des liens commerciaux, en produits substituables dans les conditions normales d'acquisition auprès d'un autre fournisseur.
Est également en état de dépendance économique, un fournisseur qui ne peut trouver un distributeur, en raison des caractéristiques des liens commerciaux, dans les conditions équivalentes.

Chapitre III. DES PRATIQUES RESTRICTIVES DE LA CONCURRENCE

Art. 34. Les pratiques restrictives de la concurrence sont constituées notamment :

1. de l'imposition d'un prix minimal de revente tel que visé à l'article 11 alinéa 2 ci-dessus ;
2. du refus de vente entre professionnels ;
3. des pratiques discriminatoires de vente.

Art. 35. Sont constitutifs de refus de vente :

1. le refus explicite ou implicite de vente entre professionnels ;
2. le silence ;
3. le refus d'agrément en qualité de distributeur des produits d'une marque ;
4. la subordination de la satisfaction d'une demande aux conditions inhabituelles.

Art. 36. Peuvent justifier le refus de vente :

1. l'interdiction légale de vente ;
2. la mauvaise foi du demandeur ;
3. le caractère inhabituel de la demande ;
4. l'indisponibilité du produit ou du service.

Art. 37. La mauvaise foi du demandeur est établie notamment lorsque :

1. une précédente commande n'a pas été payée conformément aux engagements ;
2. les marchandises auront été écoulées dans les conditions nuisant au renom de la marque ;
3. il y a dénigrement systématique de la marque, sous réserve des comparaisons naturelles effectuées dans le cadre du conseil à la clientèle.

Art. 38. Le fournisseur peut refuser d'approvisionner le demandeur qui ne remplit pas les conditions pour être agréé ou qui refuse de souscrire aux conditions que ce statut comporte, lorsque la demande est adressée à un producteur ou un fabricant qui a mis en place un réseau de distribution sélective ou exclusive, sous réserve que le réseau respecte les dispositions relatives aux prohibitions des pratiques anticoncurrentielles.

Art. 39. Toute pratique discriminatoire de vente est interdite.
Sont constitutifs de pratique discriminatoire de vente à l'égard d'un partenaire le fait de :

1. obtenir de lui des prix abusifs ;
2. abuser d'une relation de dépendance ;
3. obtenir des conditions dérogatoires de manière illicite ;
4. rompre abusivement des relations commerciales établies ;
5. établir un réseau de distribution sélective ou de distribution exclusive.

Art. 40. La preuve de la discrimination incombe à la victime.

Chapitre IV. DE LA CONCURRENCE DÉLOYALE

Art. 41. Sont constitutifs de la concurrence déloyale les actes ci-après :

1. le dénigrement ;
2. la désorganisation de l'entreprise rivale par des procédés commerciaux illégitimes ;
3. l'utilisation illégitime de la réputation d'autrui ;
4. la vente avec prime ;
5. la vente avec boule de neige.

Art. 42. Le dénigrement porte sur la personne du concurrent, les produits, les services ou sur l'entreprise elle-même.
La personne, le produit ou le service visé par le dénigrement doit être nommément désigné ou à tout le moins aisément identifiable.

Art. 43. La désorganisation de l'entreprise rivale consiste à l'affaiblir en portant atteinte à ses moyens de production ou de commercialisation par des procédés commerciaux illégitimes notamment :

1. la divulgation de secret de fabrication ;
2. l'atteinte au savoir-faire ;
3. le débauchage du personnel ;
4. le détournement des commandes ;
5. l'entrave à la publicité ;
6. la pratique des prix d'appel lorsque celui-ci s'accompagne de tromperie ou du dumping ;
7. le couponnage électronique ;
8. l'utilisation de la marque d'autrui à titre de promotion ;
9. la méconnaissance d'une convention d'exclusivité.

Art. 44. L'utilisation de la réputation d'autrui pour conquérir et conserver une clientèle est illégitime lorsqu'elle est basée sur :

1. l'imitation servile ;
2. la concurrence parasitaire ;
3. les agissements parasitaires.

Art. 45. L'imitation servile tendant à créer la confusion sur les produits, la présentation des produits, les signes distinctifs, les

emballages, le nom commercial et la publicité est constitutive d'une concurrence déloyale.
La bonne foi de l'auteur de l'imitation consistant en l'ignorance de l'existence du produit ou l'absence d'une intention de créer la confusion n'est pas un fait justificatif de la concurrence déloyale qui en résulte.

Art. 46. L'imitation n'est cause de concurrence déloyale que lorsque le signe distinctif ou la marque imitée ne fait pas l'objet d'un droit privatif ouvrant droit à une protection par une action en contrefaçon.
L'action en protection du signe distinctif ne peut être cumulée avec l'action en concurrence déloyale que si l'utilisation du signe distinctif est assortie des circonstances détachables qui le justifient.

Art. 47. Est constitutif d'actes de concurrence déloyale pour concurrence parasitaire, le fait pour :

-quiconque de se placer dans le sillage d'un concurrent pour exploiter le même type de clientèle en créant la confusion qui lui permet de détourner à son profit une clientèle ;
-une entreprise, en l'absence d'une concurrence entre deux entreprises, de créer la confusion sur l'origine des produits, par dérogation au principe de la spécialité des marques, en vue d'acquérir une clientèle sans effort particulier.

Chapitre V. DE LA CONCENTRATION ÉCONOMIQUE

Art. 48. La concentration économique résulte de tout acte ou autre moyen, quelle qu'en soit la forme, qui confère seul ou conjointement et compte tenu des circonstances de fait ou de droit, la possibilité d'exercer un contrôle ou une influence déterminante sur une ou plusieurs autres entreprises notamment par :

1. le transfert de propriété ou de jouissance sur tout ou partie de biens, droits et obligations d'une entreprise ;
2. la création d'une entreprise commune ;
3. les droits ou contrats qui assurent une influence sur la composition, les délibérations ou les décisions des organes d'une entreprise ou d'un groupe d'entreprises.

Art. 49. Les opérations de concentration économique des entreprises et groupes d'entreprises par fusion, création d'entité nouvelle ou par des contrats spécifiques sont licites à l'exception de celles qui se rapportent aux pratiques anticoncurrentielles.

Art. 50. Tout projet de concentration économique est soumis à l'obligation de transmission préalable pour examen et avis technique à la Commission de la concurrence lorsqu'il remplit l'un des trois critères ci-après :

1. le chiffre d'affaires hors taxes réalisé en République démocratique du Congo par les personnes morales et physiques impliquées dans le projet de concentration, est égal ou supérieur au montant fixé par décret du Premier ministre délibéré en
Conseil des ministres, sur proposition du ministre ayant l'économie nationale dans ses attributions ;
2. les personnes morales et physiques impliquées dans le projet de concentration détiennent ensemble au moins 25 % de parts du marché national pour les produits ou services concernés ;
3. l'organisation économique générée par le projet de concentration économique crée ou renforce une position dominante.

Le ministre ayant l'économie nationale dans ses attributions en reçoit un exemplaire pour publication au Journal officiel.
La Commission de la concurrence soumet au ministre ayant l'économie nationale dans ses attributions, pour autorisation éventuelle, l'avis technique y relatif, endéans 45 jours à dater de la réception complète du projet.

Art. 51. Le projet de concentration économique est réalisé avec l'autorisation du ministre ayant l'économie dans ses attributions, après concertation préalable avec le ministre du secteur ou des secteurs d'activités concernés, dans un délai de 60 jours à compter de la réception de l'avis technique de la Commission de la concurrence.
Toutefois, le délai peut être porté à 90 jours en cas de nécessité, notamment pour des besoins d'enquêtes à l'étranger et en cas de force majeure.

Art. 52. À défaut de la transmission du projet de concentration économique, le ministre ayant l'économie nationale dans ses attributions diligente, de sa propre initiative ou de celle de son collègue du secteur ou des secteurs des activités concernées, une enquête pour savoir si des actes ou opérations juridiques constitutives de concentration ont été conclus par des entreprises.

Le ministre ayant l'économie nationale dans ses attributions communique à la Commission de la concurrence, tout acte ou opération de concentration économique n'ayant pas fait l'objet d'une transmission.

Art. 53. Le ministre ayant l'économie nationale dans ses attributions peut, d'autorité, et le cas échéant avec ou sur demande du ministre dont relève le secteur économique intéressé, après avis de la Commission de la concurrence, soit :

1. constater que le projet n'entre pas dans le cadre des opérations de concentration soumises à la transmission préalable de l'article 50 de la présente loi et ne pas l'autoriser et/ou rétablir la situation de droit antérieur ;
2. enjoindre aux entreprises, endéans un délai à fixer par voie règlementaire, de modifier ou de compléter l'opération et de prendre toute mesure propre à préserver la concurrence ;
3. subordonner la réalisation du projet à l'observation de prescriptions de nature à apporter au progrès économique et social une contribution suffisante pour compenser les atteintes à la concurrence.

Art. 54. La Commission de la concurrence demande, en cas d'exploitation abusive d'une position dominante ou d'un état de dépendance économique, au ministre ayant l'économie nationale dans ses attributions d'enjoindre l'entreprise ou le groupe d'entreprises en cause, de modifier, de compléter ou de résilier, dans un délai fixé, tout accord ou tout acte qui a conduit aux abus par lesquels s'est réalisée la concentration de puissance économique, même si ces actes ont fait l'objet de la procédure prévue par la présente loi.

Art. 55. Un arrêté du ministre ayant l'économie nationale dans ses attributions détermine les éléments constitutifs et les modalités de communication du dossier à la Commission de la concurrence.
Sans préjudice des dispositions de l'alinéa 1er, le dossier comprend notamment :

1. le projet de l'acte de concentration ;
2. la liste des dirigeants, des principaux actionnaires, des filiales ;
3. les bilans des trois dernières années si les entreprises existent depuis au moins trois ans ;
4. une note fournissant toutes les informations sur les actes ou conventions passées éventuellement au cours des trois dernières années et ayant eu des effets sur la concurrence ;
5. toutes les indications nécessaires sur la nature, le volume et la valeur de leur production et les moyens mis en œuvre ;
6. les rapports des commissaires aux comptes pour, éventuellement, les trois derniers exercices clos.

Art. 56. Est constitutif d'acte d'atteinte à la réglementation sur la concentration économique, le fait pour des entreprises ou groupe d'entreprises de :

1. omettre de transmettre un projet de concentration ;
2. donner des indications inexactes ou dénaturées dans les opérations de concentration ;
3. fournir un renseignement inexact en réponse à une demande faite par le ministre ayant l'économie nationale dans ses attributions ;
4. présenter de façon incomplète, lors des vérifications ordonnées par le ministre ayant l'économie nationale dans ses attributions des livres ou autres documents professionnels ou sociaux requis, ou de ne pas se soumettre à ces vérifications.

Art. 57. Les décisions prises en matière de contrôle de la concentration économique ainsi que les avis de la Commission de la concurrence, le cas échéant, sont motivées et publiées au Journal officiel par le ministre ayant l'économie nationale dans ses attributions.
Elles sont susceptibles d'un recours contentieux devant le Conseil d'État.

Chapitre VI. DU CONTRÔLE ET DE LA RÉGULATION DE LA CONCURRENCE

Art. 58. Le contrôle et la régulation de la concurrence relèvent de la compétence d'un organisme public dénommé Commission de la concurrence. Celle-ci statue sur base des requêtes afférentes aux pratiques anticoncurrentielles et à celles de la concurrence déloyale.

Art. 59. Les modalités d'organisation et de fonctionnement de la Commission de la concurrence sont fixées par décret du Premier ministre délibéré en Conseil des ministres, sur proposition du ministre ayant l'économie nationale dans ses attributions.

Chapitre VII. DES INFRACTIONS, DES SANCTIONS ET DU CONTENTIEUX

Art. 60. Sont constitutifs d'infractions en matière de prix notamment :

1. les pratiques illicites de prix ;
2. le commerce triangulaire ;
3. la rétention des stocks ;
4. la détention illicite des stocks ;
5. le défaut de facturation ;
6. la non transmission des structures des prix ;
7. la non publication des prix et documents commerciaux.

Art. 61. Sont constitutifs d'infractions en matière de concurrence notamment :

1. les pratiques anticoncurrentielles ;
2. les pratiques de concurrence déloyale ;
3. l'atteinte à la règlementation sur la concentration économique ;
4. les pratiques restrictives de la concurrence.

L'infraction de concurrence déloyale est établie indépendamment du caractère intentionnelle ou non de la faute.

Art. 62. Est constitutif d'infraction, toute entrave ou tout empêchement volontaire à l'exercice des fonctions des agents en mission.

Art. 63. Les infractions aux dispositions de la présente loi donnent lieu aux :

1. injonctions de mettre fin aux pratiques incriminées éventuellement assorties d'astreintes ;
2. amendes ;
3. poursuites judiciaires et paiement des dommages-intérêts.

Art. 64. La pratique des prix illicites est punie d'une servitude pénale de six mois au maximum et d'une amende qui ne dépasse pas cent millions de Francs congolais, ou l'une de ces peines seulement.
Est puni de la même peine quiconque intervient dans la distribution de produits et qui ne remplit pas, en ce qui concerne l'opération envisagée, une des conditions suivantes :

1. s'approvisionner directement chez le producteur ou l'importateur ;
2. vendre directement au consommateur.

Le ministre ayant l'économie nationale dans ses attributions détermine les secteurs économiques où l'intervention d'intermédiaires non prévus aux litera 1 et 2 est licite, et les conditions auxquelles est soumise ladite intervention; celle-ci ne peut, en aucun cas, avoir pour effet d'augmenter le prix de vente au détaillant et au consommateur.

Art. 65. Est puni d'une servitude pénale de quinze jours à trois ans et d'une amende de dix millions à cent millions de Francs congolais ou l'une de ces peines seulement celui qui :

1. par des moyens frauduleux quelconques, aura opéré ou tenté d'opérer, maintenu ou tenté de maintenir la hausse ou la baisse anormale du prix des biens et services ;
2. même sans l'emploi de moyens frauduleux aura volontairement opéré, maintenu ou tenté de maintenir sur le marché national la hausse ou la baisse anormale du prix des biens et services, soit par des interdictions ou des conventions ayant pour objet la détermination de prix minima ou maxima de vente, soit par des restrictions à la production et à la libre circulation des produits.

Le juge de fond apprécie le caractère anormal de la hausse ou de la baisse du prix visée au présent article.

Art. 66. En cas d'infraction de pratique illicite des prix ou de maintien frauduleux de la hausse ou de la baisse des prix, le tribunal compétent peut en outre :

1. condamner le contrevenant à payer la somme correspondant au bénéfice indûment réalisé ;
2. prononcer la fermeture de l'établissement pour une durée n'excédant pas six mois.

La décision de condamnation est publiée intégralement ou par extrait, aux frais du condamné dans les journaux qu'il désigne.

Art. 67. Est punie d'une amende de dix millions à cinquante millions de francs congolais, toute personne qui impose directement ou indirectement un caractère minimal au prix de revente d'un produit ou d'un bien, au prix d'une prestation de service ou à une marge commerciale.

Art. 68. Toute infraction aux dispositions de l'article 15 de la présente loi est punie d'une amende qui ne peut dépasser quinze millions de francs congolais.

Art. 69. Est punie d'une d'amende de dix millions à cent millions de francs congolais, la revente à perte telle que visée à l'article 18 de la présente loi.

Art. 70. Sont punies d'une peine de servitude pénale de trois mois au maximum et d'une amende de dix millions à cent millions de francs congolais, ou de l'une de ces peines seulement, les infractions relatives à la rétention et à la détention illicite de stock.

Art. 71. Sont passibles d'une amende égale à 50 % du bénéfice ou à 20 % du chiffre d'affaires réalisé sur le marché congolais au cours de l'exercice précédant l'année durant laquelle l'infraction a été commise, les pratiques anticoncurrentielles.
La Commission de la concurrence est habilitée à infliger à une entreprise une amende n'excédant pas cent millions de francs congolais et/ou une astreinte n'excédant pas un million de francs congolais selon le cas, quand ladite entreprise :

1. ne s'est pas conformée aux dispositions de la loi ;
2. ne s'est pas conformée à une décision de la Commission ;
3. n'a pas fourni les renseignements ou les documents requis dans les délais spécifiés ;

4. a fourni des faux renseignements.

En cas de récidive, l'amende est doublée.

Art. 72. Lorsqu'une pratique anticoncurrentielle concerne plusieurs entreprises, les amendes visées à l'article 73 de la présente loi sont infligées indistinctement à chaque entreprise ayant pris part à l'infraction.

Art. 73. En cas de non-respect des dispositions des articles 54 et 71 ci-dessus, la Commission de la concurrence propose la fermeture temporaire des entreprises en infraction au ministre ayant l'économie nationale de ses attributions.

Art. 74. Toute personne justifiant d'un intérêt peut exercer une action en concurrence déloyale en vue d'obtenir réparation du préjudice subi. Elle peut assigner à bref délai afin d'obtenir la cessation des pratiques litigieuses et/ou la nullité des clauses litigieuses.
Le tribunal peut contraindre l'entreprise fautive à s'exécuter sous astreinte.

Art. 75. Est punie d'une amende de dix millions à cent millions de francs congolais, toute pratique de concurrence déloyale.

Art. 76. Est punie d'une amende qui ne dépasse pas cent millions de francs congolais, toute entrave ou tout empêchement volontaire à l'exercice des fonctions des agents en mission.

Art. 77. Les fonctionnaires ou les agents de la Commission de la concurrence, revêtus de la qualité d'officier de police judiciaire à compétence restreinte et munis d'un ordre de mission dûment signé par l'autorité compétente, procèdent aux enquêtes nécessaires en matière d'exercice de la concurrence.

Art. 78. Sont qualifiés pour procéder aux enquêtes relatives à la fixation des prix, les agents et fonctionnaires du ministère en charge de l'Économie nationale commissionnés conformément à l'article précédent.
Ils peuvent sur présentation de leur commission :

1. demander communication, à toute entreprise et à tout commerçant, des documents qu'ils détiennent relatifs à leur activité et en obtenir ou prendre copie par tout moyen et sur tous supports ;
2. recueillir sur convocation ou sur place les renseignements et les justifications nécessaires aux devoirs de leurs enquêtes ;
3. demander toutes justifications des prix pratiqués ainsi que la décomposition de ces prix en leurs différents éléments ;
4. procéder à toute visite d'établissements commerciaux, industriels, agricoles ou artisanaux ;
5. exiger copie des documents qu'ils estiment nécessaires à l'accomplissement de leur mission ;
6. demander à l'autorité dont ils relèvent la désignation d'un expert pour procéder à toute expertise contradictoire nécessaire à l'enquête.

En matière de prix, les autorités administratives provinciales et celles des entités territoriales décentralisées agissent sur délégation du ministre ayant l'économie nationale dans ses attributions.

Art. 79. Dans l'exercice de leurs missions, les enquêteurs peuvent pénétrer, entre 5 heures et 21 heures, dans les dépôts, fabriques, usines, magasins, débits et en général en tous lieux où les produits sont détenus à des fins industrielles, commerciales ou spéculatives, exposés ou mis en vente. Si les lieux sont ouverts au public, ils peuvent y pénétrer en dehors des heures fixées ci-dessus.
Ils peuvent se faire produire à la première réquisition, ou rechercher tous documents, pièces ou livres utiles à l'accomplissement de leur mission.

Art. 80. En dehors des heures fixées à l'article précédent, les enquêteurs ne peuvent procéder aux visites en tous lieux ainsi qu'à la saisie des documents sur tout support d'information que sur réquisition du parquet ou du juge compétent.
Art. 81. Les enquêteurs ne peuvent se voir opposer le secret professionnel dans le déroulement de leur mission.
Est puni d'une peine de servitude pénale d'un an maximum et d'une amende ne dépassant pas dix millions de francs congolais, le fait pour quiconque de s'opposer, de quelque manière que ce soit, aux enquêteurs dans l'exercice de leurs fonctions conformément aux articles 79 et 80 ci-dessus.

Art. 82. Les infractions retenues dans la présente loi sont notifiées au contrevenant par courrier avec accusé de réception ou tout autre moyen laissant la preuve qu'ils ont été signifiés.
Les amendes retenues sont recouvrées et versées au Trésor public.

Art. 83. Le contrevenant peut contester dans un délai de 15 jours suivant la notification des sanctions les décisions prises par la Commission de la concurrence par une lettre avec accusé de réception. Cette lettre est accompagnée de preuve, faute de quoi la décision de la Commission de la concurrence est maintenue.

Art. 84. En cas de contentieux, les infractions aux dispositions de la présente loi sont de la compétence du tribunal de commerce.
Le tribunal peut ordonner une expertise s'il juge que l'avis de l'Administration compétente est insuffisamment motivé.

Titre IV. DES DISPOSITIONS TRANSITOIRE, ABROGATOIRE ET FINALE

Art. 85. En attendant la signature du décret portant statut, organisation et fonctionnement de la Commission de la concurrence prévue à l'article 59 de la présente loi, les attributions dévolues à cette dernière seront exercées par l'ancienne Commission de la concurrence créée par l'arrêté départemental du 15 juin 1987.

Art. 86. Sont abrogées toutes les dispositions de l'ordonnance-loi 41-63 du 24 février 1950 portant sur la concurrence déloyale, du décret-loi du 20 mars 1961 tel que modifié et complété par l'ordonnance-loi 83-026 du 12 septembre 1983 sur la
réglementation des prix et de l'arrêté départemental du 15 juin 1987 portant création et fonctionnement de la Commission de la concurrence ainsi que toutes les dispositions antérieures contraires à la présente loi.

Art. 87. La présente loi entre en vigueur trente jours après sa promulgation.

Fait à Kinshasa, le 9 juillet 2018.
Joseph Kabila Kabange

Table des matières

Structures éditoriales du groupe L'Harmattan

L'Harmattan Italie
Via degli Artisti, 15
10124 Torino
harmattan.italia@gmail.com

L'Harmattan Hongrie
Kossuth l. u. 14-16.
1053 Budapest
harmattan@harmattan.hu

L'Harmattan Sénégal
10 VDN en face Mermoz
BP 45034 Dakar-Fann
senharmattan@gmail.com

L'Harmattan Cameroun
TSINGA/FECAFOOT
BP 11486 Yaoundé
inkoukam@gmail.com

L'Harmattan Burkina Faso
Achille Somé – tengnule@hotmail.fr

L'Harmattan Guinée
Almamya, rue KA 028 OKB Agency
BP 3470 Conakry
harmattanguinee@yahoo.fr

L'Harmattan RDC
185, avenue Nyangwe
Commune de Lingwala – Kinshasa
matangilamusadila@yahoo.fr

L'Harmattan Congo
67, boulevard Denis-Sassou-N'Guesso
BP 2874 Brazzaville
harmattan.congo@yahoo.fr

L'Harmattan Mali
ACI 2000 - Immeuble Mgr Jean Marie Cisse
Bureau 10
BP 145 Bamako-Mali
mali@harmattan.fr

L'Harmattan Togo
Djidjole – Lomé
Maison Amela
face EPP BATOME
ddamela@aol.com

L'Harmattan Côte d'Ivoire
Résidence Karl – Cité des Arts
Abidjan-Cocody
03 BP 1588 Abidjan
espace_harmattan.ci@hotmail.fr

Nos librairies en France

Librairie internationale
16, rue des Écoles
75005 Paris
librairie.internationale@harmattan.fr
01 40 46 79 11
www.librairieharmattan.com

Librairie des savoirs
21, rue des Écoles
75005 Paris
librairie.sh@harmattan.fr
01 46 34 13 71
www.librairieharmattansh.com

Librairie Le Lucernaire
53, rue Notre-Dame-des-Champs
75006 Paris
librairie@lucernaire.fr
01 42 22 67 13

www.ingramcontent.com/pod-product-compliance
Lightning Source LLC
LaVergne TN
LVHW010931051026
849532LV00003B/941
* 9 7 8 2 3 4 3 2 2 7 7 0 2 *